菜市・台南

STORIES FROM
TAINAN'S ICONIC
TRADITIONAL MARKETS

文——陳薔安
圖——林致維（1/2藝術蝦）

推薦文

做伙來去踅菜市仔

王美霞
（南方講堂創辦人）

「1/2藝術蝦」林致維的繪畫進行式，這次聚焦在生機勃發的菜市場，賢伉儷又寫、又畫，完成《菜市・台南》，真是認識台南最務實的寶典。

台南的一日，要從市場的甦醒開始。台南人總說「呷飯皇帝大」、「富過三代懂吃穿」，要了解台南日常生活的食材履歷與生活文化，逛市場是最佳進路。

多年前，我開始書寫台南的市場，便以「迎春迎喜迎東風：東市場」、「卻買鮮魚飼花鴨：鴨母寮市場」、「繞得水仙營生計：水仙宮市場」、「布與布的曼波：西門市場」定調台南四大市場的特色。在《菜市・台南》這本書裡，致維與薔安更加深入地繪畫、訪談，將生活在市場內的人情味與生命故事勾勒細膩，實在令人佩服。

認識致維是二〇一四年七月，當時，他帶著速寫本與畫筆走訪林百貨，選擇先從遠處鄭氏家祠的角度畫林百貨，幾個月後，才走進林百貨畫樓層，這是很安靜的探路，但他樂在其中。我問：「為什麼花那麼長的時間來畫建築物呢？」他說：「先從遠處去看，然後，慢慢地接近最核心的地方，我才能感受深刻的美好。」這一段繪畫觀點真像小王子和狐狸馴養真誠友誼的故事。台南需要的是這般畫筆、這般文字：觀察它，書寫它，不要消費它；作者充滿等待與愛，所以，圖像與文字都讓讀者感動。

菜市場，是台南常民生活的最核心，多年來書寫台南時，我深知台南人的脾性，若非讓他們信任、也讓他們感覺溫暖有愛，這些市井小民、這些城市裡憨直的臉龐是不可能呈現在每一張扉頁的。致維和薔安用愛心與耐心走進來了，真好！這是一本以精湛素描與誠懇文字成就的市場浮世繪。

在視覺圖像當路的現代閱讀裡，手握彩筆塗鴉也罷，工描也好，都是解憂的法寶。致維的繪畫會贏得許多人喜愛，是因為他對繪畫的題材充滿先覺的感動，他曾說：「藝術是橋梁，將人們串連在一起，讓我得以體會不同的心路歷程。」他和薔安透過寫畫市場，相信也寫畫著自我的生命答案吧。

古人說：「繪事後素」，創作是畫心，只要內心充滿素樸的愛與感動，在寫畫城市的路上就是永遠繽紛多彩的進行式。

推薦文

提筆輕行，菜市場的慢印象

王浩一（作家）

台南，我從旅行到旅居多年，這裡依舊引人傾心流連。而魅力之一，我會認為：「古老的美麗，是留給速度慢的人。」

如果你懂得暫時離開古蹟舊建築，擱下熱門小吃名家，走入老街巷弄，那你已經是二．〇版遊客。

但是三．〇版的旅遊，則是早上時光閒步慢行，深入傳統菜市場，體驗老派又暖心的生活感。這樣的婆婆媽媽的世界，是美食小編、網美尚未涉足的城市角落，僅是當地人隱藏版的生活空間，也透露著最迷人的庶民風情，當然也有很多「我捨不得告訴你的美食情報」。

《菜市．台南》的作者與繪者是夫妻，他們才華洋溢，雖然年輕了我許多，我們卻是「舊識」多年了。看著他們筆下的台南足跡，有我多年前的探索身影，卻更多了細膩與豐美，這是我最不足的地方。

書寫與畫面的所有細節，我一一端詳著，欣賞有加。市場裡有常民的紊亂美感，有文化的深邃剪影，有不拘的有序和失序，也有無端的暖色和冷色。本來嘛，讓有些人卻步的老市場，乍看沒有系統也無規矩，我卻喜歡這般繽紛熱鬧，生意激漾。近年來，我更喜歡閒來無事在菜市場待上半天，沉浸在喧嘩市井的氣氛，是我的新嗜好。

本書寫實的筆觸，讓我延續逛市場熱騰騰的心情，輕巧地在閱讀之間，啜飲咖啡，繼續神遊。

推薦文

有根的民族比較安心，比較篤定

李偉文
（牙醫師、作家）

年輕時喜歡刺激，追尋特殊及不尋常的事物，認為「人生只有一次」，所以必須不斷冒險，嘗試新事物，以為這叫珍惜人生；但是隨著年歲漸長，我們才體會到，所謂值得珍惜的人生，是建立在無數日常生活之中，日常才是真正的重點。上菜市場買東西，與街坊鄰居交談，我們衣食住行的日常若能注意，那就是珍惜人生，也會讓每天的生活變得更豐富。

其實除了歲月淘洗下的體會外，在這個變化太過迅速的世界、商品生命週期短到還沒流行就消失的時代，為了對抗焦慮與虛無，人們轉而渴求緩慢、單純卻有質感的生活，台南成為現代人所追求的心靈故鄉。

這不只是懷舊，雖然作家董橋曾說：「不會懷舊的社會注定沉悶、墮落。沒有文化鄉愁的心，注定是一口枯井。」台南保留在菜市場的庶民生活，依稀可見台灣當年的優雅從容；若我們能珍惜並保留時代的共同回憶，讓大家不要忘記自己是怎麼走過來的，而一個有根的民族，會走得比較安心，比較篤定。

因此，當我們跟著觀光人潮到台南最夯的打卡點拍照之餘，還應該帶著這本《菜市．台南》，讓作者溫暖的文筆，引領我們穿越時空，回到那令人懷念的日常生活。

推薦文

台南如何日常？

高耀威
（長濱「書粥」書店老闆）

十多年前尚未移居台南時，一位在地朋友帶我們散步，當時就是從西市場出發，在地人稱大菜市。我們用走路的速度移動在不同的巷道內，繞了一大圈，好幾個小時，最後再回到市場時，攤商大多已經歇業，那些陳舊的招牌與世世代代來回的走道，讓我有種回到某個起點的熟悉感，也因此萌生「住在市場附近好像不錯」的念頭。

後來在附近的正興街居住及開店，鄰近的市場有「大菜市」及「水仙宮」，晃蕩市場成為我生活的一部分。那時候不見得只是去買菜，滿多時候是去混，或是張羅某些事件需要力量時，會去市場喬事情、找資源。

有一次，一個國際媒體來訪，找我帶路，他們原先打算以國際化的視野來談台南，設想的是一幅幅優雅精緻的畫面，我建議他們從內而外來發掘，直接領他們進入市場。九十多年老麵攤的老闆，本身習有白鶴拳，俐落比劃一番後，緩緩拿出保溫瓶，把裡面的普洱茶倒進我們吃光的麵碗裡，分享給我們喝。那短短一刻鐘，讓來訪的一行人在市場裡悟出了深厚的城市美學，以及從待在裡頭半個世紀的攤主身上，看見韻味與生存之道。

我喜歡作者在書裡引用谷崎潤一郎在《陰翳禮讚》中的這句話：「我們喜歡的『雅緻』的確也有幾分不乾淨不衛生的成分。」那些埋藏在市場裡的氣韻與味道，在時光更替的夾頁中，透過這本《菜市·台南》暫留了一番風景給讀者們。

推薦文

市場中，無法被取代的在地人情味

鄭開翔
（城市速寫畫家）

我常喜歡問朋友：「當外國友人來造訪你的城市，你會想帶他們去哪裡？」對我而言，無庸置疑，一定是傳統市場。

市場裡能看到最道地的常民生活，不同的市場還能探索因地制宜、逐漸形成的城市軌跡，每當早上經過市場，總是擠得水洩不通，彷彿這城市的人都聚集在這裡，開啟新的一天。這時就覺得市場像一座城市的心臟，仍充滿活力地跳動著。

隨著人們的生活習慣改變，各類消費模式應運而生。我們可以到各式各樣的生鮮超市買到品管優良的商品，方便快速甚至全年無休，但我們買不到菜攤陳阿姨一句：「今天高麗菜很新鮮，要不要帶一點？」也無法請教賣肉的阿春嫂：「想煮羅宋湯需要什麼食材？」更別說順道討一點免費的蔥薑蒜了。在步調快速的現代社會，傳統市場似乎還保留著那一絲人與人交流互動的人情味，我想這是市場不可被取代之處。

台南這座歷史悠久的古都，當然也有著豐富精彩的市場記憶，而本書由蕎安觀察細膩的書寫，記錄下了市場的人事物，再搭配致維色彩豐富的溫暖筆觸，捕捉市場的日常瞬間，彷彿將那一刻美好鎖進了書中。精彩的圖文搭配，顯見兩人對台南豐沛的愛，更讓讀者身歷其境，巴不得現在就啟程前往這些市場一探究竟。

前言

走入尋常市場

若說起柴米油鹽醬醋茶，大概沒有比「市場」這個場所更加貼切了。我想起谷崎潤一郎在《陰翳禮讚》中一句有趣的話：「我們喜歡的『雅緻』的確也有幾分不乾淨不衛生的成分。」經過每個人的手摩娑光亮，附著著人間煙火油垢的城市，日復一日累積而成的生活記憶，大抵是尋常生活的魅力。

我自己接觸市場的經驗，是因二〇一六年與本書繪者藝術蝦一起記錄台南西市場。西市場又稱大菜市，是有著小吃、咖啡廳、文創商品的非典型市場，完美承襲了世代共好的氣氛。我認為那股氣氛和創新的力量應該也存在於傳統市場，但對於當時不太下廚的我而言，傳統市場仍是有些距離的。

真正開始上傳統市場，是幾年前和經營餐飲業的朋友採買開始。採購前，朋友先帶我到早市的攤位吃一份煎米粿當作早餐，再向熟識的攤位買菜、買肉。為了買到最新鮮的材料，一個早上就跑遍了三個菜市場。他說這是菜市場的五星級行程，也讓我發現菜市場中生鮮選擇之多令人驚豔，但更令人珍惜的還是與人互動的機會。不管是生產者、店家或上菜市場的人們，為了每天生活努力的樣子讓我感到非常踏實。被那樣的景象吸引後，才又進一步了解市場背後的風土人情，和這座城市的盤根錯節。

傳統市場並非倏忽生成的地方，而是諸多因素累積後形成的聚落，也與社區歷史有很大程度的呼應。不管是經營過三代的小吃，又或是近年才在台南落腳的店家，節令中盛產的果物蔬菜也好，乘載台灣歷史的五金行也好，市場裡的攤商就像一個個節點，一起成就了一座城市。

市場的活動，是以對話推進的，最常問的就是一斤多少錢，喊了一個價格後，老闆還會同你解釋最近青菜的產量變化、這幾週的漁獲如何、煮咖哩用什麼肉好；再往下聊，可能會是土地問題、營養學或家族故事，話題似乎永無止盡。我總覺得在菜市場裡，理解食物成為商品的過程，會幫助我們自己選擇消費方式，進而影響許多事情的發生。

當然，對我這樣一個上班族來說，菜市場大概不是每天去的。只是比起將民生需求全權交付給連鎖商號，週末上市場買菜，更是享受挑選和走馬看花的樂趣。看菜攤老闆將葉菜的粗纖維都剝除，魚販細細去除魚鱗，五花八門的水產選擇比超市多很多，偶爾還會得到一些獨門的食譜；而走訪乾貨行、傳統糕餅店，也可以感受到台菜的歷史和台南盛行的廟宇文化。來台南菜市場，不只是採買，總會有更多意外的驚喜。

浸潤在市場的氛圍中，讓人與土地更加親近，市場甚至也成為人們體驗一座城市的捷徑。本書所走訪的東菜市、水仙宮、鴨母寮與西市場，皆是台南的百年菜市，各色攤商聚集多，周邊也有許多值得踏查的景點，逛市場之餘，還能悠悠哉哉地在附近巷弄散步。雖然攤商總會有新舊代換，也可能因一紙拆遷公文而改變了市場的命運，但我想，這就是我們生活的模樣吧。希望這本書能夠陪你一起，走進台南的日常。

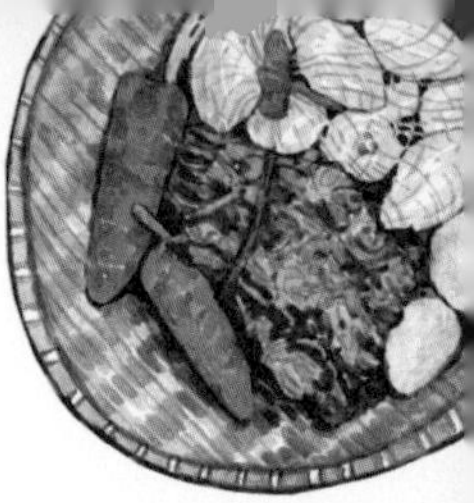

目次

東菜市
新貴婦戰場

水仙宮市場
海海人生，海派市場

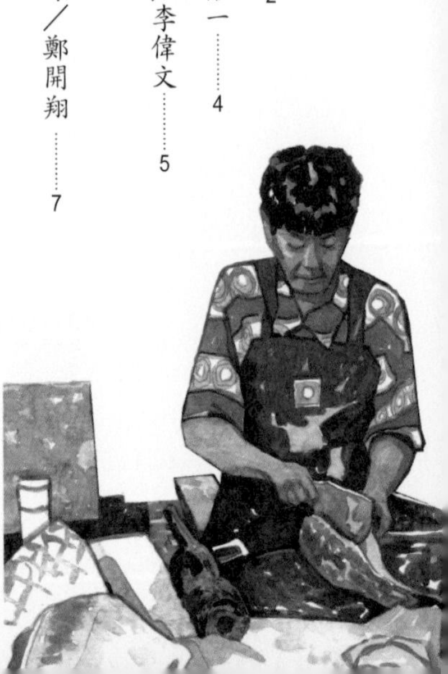

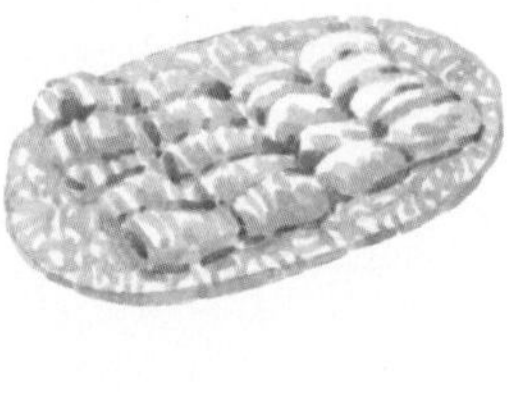

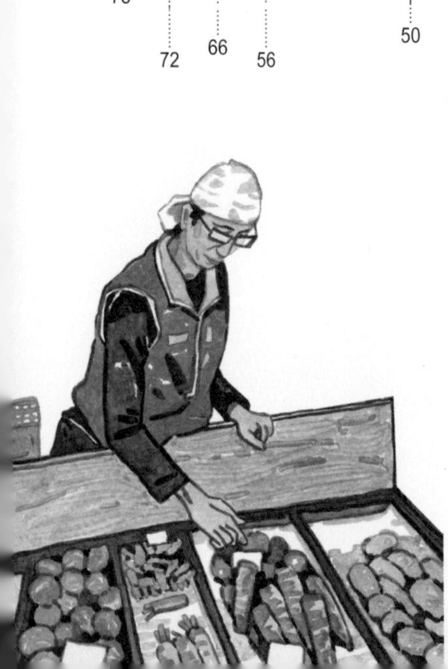

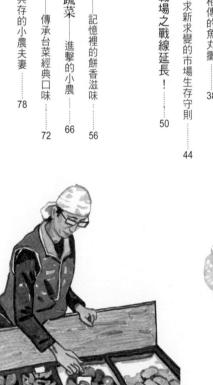

鴨母寮市場

柔軟的菜市場

西市場

文藝青年聚會所

老市
市

東菜市

新貴婦戰場

逛東菜市可以看到很多裝扮時髦的老奶奶，她們臉上畫著淡淡的全妝，穿著素雅但體面的連身裙來菜市場採買。而職業婦女向來速戰速決，更有著不容小覷的經濟實力。

日治時代初期，城東的人口增長，政府於一九一〇年還在清水町建立了第二個公有市場，也就是現今的「東菜市」。東菜市從創立至今一直是綜合式的市場，其中有不少傳承兩代、三代的店家，是庶民歷史的活百科，然而也有許多攤位因為無人接班或其他因素吹了熄燈號，百年市場中的變化風起雲湧。

台南的「貴婦菜市場」

若問及台南居民對東菜市的印象，大多都會提到東菜市是「貴婦菜市場」，但卻很難追溯這個稱號的起源，只能由閱讀歷史旁敲側擊。

在日治時代，位於清水町的東菜市除了有本島消費者外，日本消費人口也逐漸增加，以至於市場區分為早市、午市；早市專門提供日本人採買，下午才是台灣人入場時間。

戰後，因地緣關係，來東菜市的消費者多是收入相對穩定的公教人員或金融業者，或許是因應這個消費族群的需求，東菜市的商品質量一直都不錯，買賣間也較少殺價，過去東菜市內還有許多銀樓和精品店，「貴婦菜市場」的名號不脛而走。

走逛東菜市

一直以來，逛東菜市可以看到很多裝扮時髦的老奶奶，她們臉上畫著淡淡的全妝，穿著素雅但體面的連身裙來菜市場採買。

但將時間拉近，我認為這「貴婦」的名號指的更像是一群經濟獨立的婦女，因為這一區也是舊台南市的文教、金融區；若中午到東菜市，也可以看到許多穿著幹練、表情嚴肅的職業婦女出來買菜。她們向來速戰速決，和一般人想像中珠光寶氣的「貴婦」不太一樣，但有不容小覷的經濟實力。

而東菜市之於我，更多的是安康、富足的意象，整體氣氛相較其他市場活絡許多，加上市場內有許多媒體報導過的美食，例如「美鳳油飯」、「阿粉姨牛乳茶」、「阿美傳統蛋糕」、「阿真春捲」等等，都吸引了不少觀光人潮。

東菜市也是素食者友善的市場，市場內有素食滷味專賣店、素食自助餐，市場內熱門的油飯和春捲也有供應素食版本，市場外則有我們家很喜歡的「清棋素食點心店」。

新舊交錯的巷弄風景

東菜市不僅食物選擇多，周邊也有許多服飾與飾品攤位，質感亦不錯。有時我會沿著市場附近散步，走進民權路、青年路上分支的小巷，這一帶有許多保存良好的老房子和老商店，也不乏老屋翻修成的民宿、展演空間、異國餐廳和特色小店。

台南的小巷弄極為友善，它們引導你一步步往前探索；新舊交錯的風景，親切地陳述這座城的過往今昔。走到盡頭時，小巷弄再把你送回車水馬龍的大馬路上，不至讓你迷路。

東菜市的風貌快速變化著，回有位受訪者提到，三十年前東菜市的景象，當時市場內曾經有許多住戶，眾住戶共用蓄水池和市場出入大門。我原本想找找老照片，花了大半天卻找不到，才驚覺時間洪流中的吉光片羽是要費力氣才能握在手裡。市場就是人間一小角，有時光的流動、人情的悲歡聚散。每每感受到這些變化，就更想把握現在，記錄下市場與在這裡的人們。

東菜市

營業時間：週一至週五早市，每月農曆17日休息

地址：台南市中西區青年路164巷26號

攤位類型：水產、肉、蔬果、乾貨、熟食、成衣、家用品、糖果點心

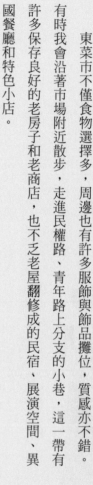

美玉炸料

百年老攤的油炸歲月

「美玉炸料」位在市場的角落，昔日資生堂直營店旁，從日治時代就在市場營業了，已經傳了三代，歷史破百年。我喜歡美玉炸料的原因，是因為店家不貪快，一次下油鍋的食材量都不多，賣完了再炸下一批，所以客人拿到手的炸物總是剛起鍋的。拿著熱呼呼的食物感覺實在很幸福，用料實在也是我鍾愛這裡的另一個原因。

百年老攤的日常

攤名「美玉」來自第二代老闆娘，目前則由第三代經營者明曜老闆夫妻接手家業，他們用兩座白鐵工作台圍成了一個小小的工作區，還有些不成套的鐵架、鐵桌，桌面上堆著鍋碗盆。水泥砌成的矮台子上放著一座簡易搭成的爐灶，灶上放了一只台式圓底的黑色大鐵鍋，鍋中是泛著淡黃色的油，看

「美玉炸料」的小小天地。

上去是清澈透著晶亮的。

美玉炸料販賣的一些炸物品項是從日治時期便有供應，在過去大眾生活普遍貧窮的時候，豬肉不那麼容易取得，因此魚漿是炸物的主要原料。隨著生活水準提高和客人的口味轉變，經營者也逐漸跟著更新菜單和食譜。

炸料中幽微的「台南甜」

因為是台南老攤，美玉炸料的口味不意外地有些「台南甜」，在魚漿內加入荸薺是一道經典的作法。台南甜是種溫和又濃稠的味道，這樣的甜存在於鹹食中是很難解釋的，一般台南人大概不會意識到當中有什麼違和，反而有種夏天吹冷氣蓋大被的奇妙滿足感。我個人也很喜歡摻雜在鹹食中的甜味，尤其在炸物上，這樣的甜更是令人難以抗拒。

攤位上賣的炸物主要是：炸牛蒡、炸時蔬、蝦捲、蝦丸、肉捲、肉丸、龍鳳腿（用虱目魚漿做成雞腿狀的炸物），還有我最愛的炸餛飩。

捲類、丸子類的內餡都是一樣的，只是尺寸和形狀不同。而炸肉丸除了可以單吃之外，還能搭配砂鍋魚頭的湯底煮成獅子頭。熱騰騰的炸物搭上獨特的風味，讓美玉炸料吸引很多回頭客。

攤上的食物都是秤重計價，算下來一顆肉丸大約是十六元，一顆蝦丸大約是二十二元。若是週末前往採買，最好十一點前到，以免向隅。遇到年節或是拜拜的日子，更建議提早幾天電話預訂。

繞一圈，回到兒時的攤位

明曜老闆回憶起自己的媽媽，母親主掌攤位時，是局勢動盪的一九四〇年代，戰後的台灣面臨嚴重的通貨膨脹，各項物資稀缺，賺錢是全家人都要一起分擔的勞務，即使是孩子也不另外。

「小時候，讀冊前都要幫家裡拍鱗（刮魚鱗）、打魚漿。魚肚、魚腸、魚頭那些我們用不到，就要拿去賣。做這行很辛苦，但是呷這途飯，就是做服務。」明曜老闆用台語描述起過往，娓娓道來完成學業和兵役後，遇上台灣經濟起飛，想在社會闖蕩，所以無意接下家中攤位等種種往事。反而是婚後，自己的太太成為攤位上的幫手。

「我大概民國五十年出來吃頭路，那時頭路很好找，只是都很辛苦，頭家供吃住，但是很多人做不到一個月就受不了。」明曜老闆頓了一下，似乎在腦中數著過去做過的事業，「印刷廠、貿易公司、瓦斯行……我做的頭路

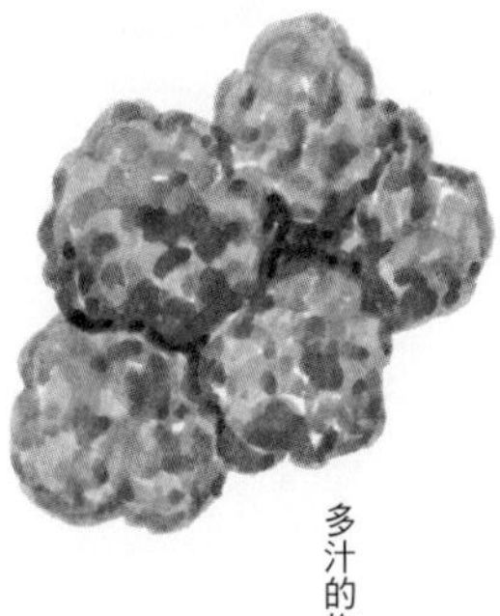

多汁的炸肉丸。

大概百百種了。」

因為有感體力不如以往，明曜老闆才從職場退休，回到家中和太太一起經營美玉炸料。現在夫妻倆的體力確實不如年輕時代了，所以魚漿已經改由機器製作，但是備料、調味等工作，還是由老闆娘親自執行，老闆則負責外場和送貨。

第三代經營者，明曜老闆夫妻檔。

在有限的空間裡，撐起一個家

老闆娘是一位很安靜的女性，燙著捲捲頭，頭髮是時髦的棕紅色，很襯她的白皮膚。圍著頭巾，戴著口罩，不像老闆那麼健談，總是默默地工作著。她將鋼盆裡的麵糊和食材混合均勻，仔細放進炸鍋後，用勺子翻動著炸物，讓其受熱均勻。她是這幾年來持續支撐著美玉炸料的重要人物。

「我嫁來這裡以後，就開始跟婆婆一起做了。」她說：「調麵糊很辛苦，早上兩點就要起床準備，手很涷，真的涷到心裡。我都跟兒子說盡量去念書，不要再做這行。」她將兩條肉捲下鍋，肉捲還沒炸熟前是粉紅色的，熟了以後就會浮出油鍋。

明曜老闆透露兒子現在已經有自己的事業，以後應該也不會回來接手攤位的經營。在美玉炸料三代傳承的歷程中，彷彿可以看到大環境下的一般家庭，他們如何透過選擇改善經濟狀況；也可以看到女性如何在有限的發揮空間中，成為家族事業的棟梁。

身為傳統市場的消費者，想到老攤逐漸凋零，難免有些扼腕，但是跳脫出消費者與店家的關係，我十分理解每個人的選擇和無法選擇。也希望可以記錄多一些，關於市場、攤位，以及那些稍縱即逝的事物。

美玉炸料

營業時間：週一至週日09:00起，賣完為止

地址：東菜市302號攤位

阿成手工麵點、製麵所

麵食串起的父與子

「阿成手工麵點」與「阿成製麵所」分別位於東菜市的裡外，但其實他們是親近的一家人。

經營手工麵點的阿成師傅每天早上三、四點就到市場做饅頭，將麵糰揉成長條形，再切成塊狀，放入大鐵鍋裡蒸，蒸氣在靜謐的早晨冉冉上升。饅頭還有堅果、蔓越莓、南瓜、雜糧、黑糖等各種口味，很適合喜歡健康飲食的客人。

而製麵所則由阿成手工麵點老師傅的兒子阿棠經營，主要是做新鮮麵條、餛飩皮、水餃皮。企管系畢業的阿棠，為人頗有江湖大哥的氣質，他分析自己是「內部創業」，使用了和本店一樣的名字「阿成」，但經營上已經與長輩有很大的不同。

上「阿成製麵所」買麵條。

麵粉換麵條，打響開業名號

台灣盛產水稻，麵食本來不是台灣人的主食，會融入台灣飲食中，除了受到戰後大批由中國大陸來台的軍人影響之外，配合美援發展的經濟策略也是一大因素。

美援麵粉的原料是紅麥，做出來的麵條Q度十足。一九五一年，阿成的父親在東菜市開業，在市場推出「二十二公斤美援麵粉，換二十二公斤麵條」的促銷活動。

麵粉製成麵條後會帶上水分的重量，商家就從重量差距中賺取微薄利潤。「麵粉換麵條」對客人來說簡單易懂又有說服力，這個活動很快就在東菜市大獲好評，也讓店家打出名號。

製麵家族

阿成師傅是在東菜市由產婆接生，一路長大、成家，兒子阿棠上幼稚園時，全家都還住在東菜市內。父母過世之後家族分家，為了兄弟親戚之間不搶生意，阿成師傅決定帶著家人台灣南北跑地做麵點。兒子阿棠長大後也傳承了製麵的技術，開始自己的品牌創業之路，一家子與麵食的淵源極深。

飲食總是混雜著記憶和情感，阿棠成了年輕的小老闆，第一間店就開在二空新村附近，二空的眷村居民多喜歡中國東北冬麥混著美援麵粉做成的麵條，大概是因為這種口味讓他們想起美好又苦澀的青壯年時期，這群懂麵食的老客人也給了阿棠許多口味上的建議。

而在麵點店的經營與製麵的技術方面，作為父親與師傅的阿成則一直扮演著關鍵的角色。原本承接東菜市老店的親戚休業，沒有商業競爭的顧忌後，一家人才搬回東菜市營業。原先，阿棠並不認同這樣的決定，尤其菜市場的長輩普遍認為孩子回市場工作是沒出息的，但在經營考量和父親的勸說下，阿棠還是搬回了市場。

著工作服的小老闆阿棠。

父與子，傳承與創新

阿成是經驗老道的製麵師傅，老一輩往往承襲規矩調配麵粉，但阿棠想知道配方背後的原理，認為應該運用科學化的方式實驗看看，才能穩定地打造麵條口感，兩人常因此吵到臉紅脖子粗。

「你看，一個大男人，跟我吵到眼眶都要泛淚了。」阿棠回憶起父子爭執的場景，帶點惡趣味地笑了。

有時反而是創新，才能留下傳統的美好。阿棠花許多時間了解舊時台南麵粉配給的種類，試著找出祖父母輩那年代使用的麵粉和配方。阿成師傅大概也知道阿棠的用心，嘴裡不認輸，卻默默地、一次次地陪著兒子實驗，過程中不知道吃下了多少失敗品。就在這樣奇妙的互動中，阿棠的生意也逐漸在東菜市一帶站穩了腳步。

方便又多變的麵食主義

受到近年減醣的飲食風潮影響，阿棠在現在屬於自己的製麵所推出蔬果麵，將蔬菜或水果的纖維揉入麵糰，製成各種低醣的蔬菜麵。生鮮麵條口感更滑嫩，煮後比乾燥麵條更能散發出蔬果味道。而一小包就是一人一餐的份量，下鍋時頗容易拿捏。

阿棠老闆也特別推薦自己研發的「小拉麵」，這是他的得意產品。麵的口感偏硬，好煮，耐滾，若是做乾拌麵，可以將麵煮到八、九分熟；若煮湯麵，只要煮到五分熟，將麵體放入湯之後，吸收了湯汁，味道更好。

煮麵會因為鍋子的材質、大小而需要拿捏不同的時間。建議觀察麵心的顏色，愈熟的麵，麵心的顏色愈透明。大原則是寧可煮不夠熟，也不要滾太久。

除了研發麵點產品，製麵所的攤位裝潢也經過調整，除了更明亮的擺設外，商品的標價、分類也相當清楚。對於水餃皮這些超市比較少見的產品，阿棠更是不厭其煩地向年輕客人解說要如何保存和分裝。

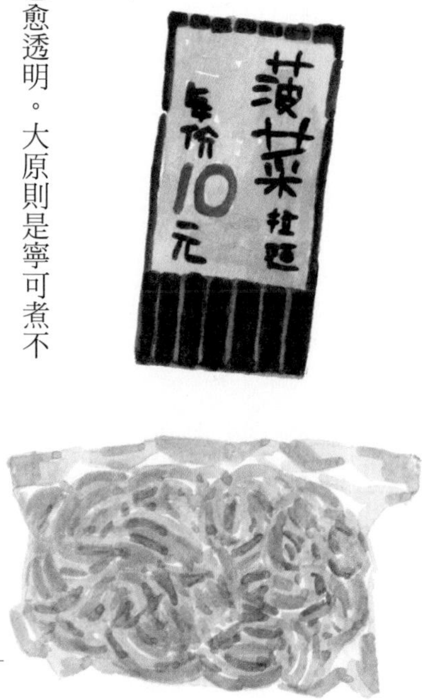

小包裝的菠菜拉麵。

跨出轉型那一步

聊到市場轉型，阿棠認為最困難的是讓傳統市場符合現代人的生活型態，愈是有歷史的老店，要跨出改變的第一步就愈困難。因此阿棠給自己的目標是每一年都做一、兩項改變，他不僅說服父親阿成花錢裝修店面，在過去兩年間也嘗試開發更多健康取向的商品，並配合消費者的習慣，增加了電子支付的方式。

二〇二一年，製麵所也從東菜市「畢業」了，在民權路一帶開始自己的店面。營業時間延長了，店內也供應起熟食，讓上班族在下班時段也可以悠哉地享受一碗熱呼呼的麵食。

什麼都願意嘗試，但「製麵」這件事情，父子倆的堅持如一。店內依舊買得到經典口感的麵條。這讓我不禁思考，「傳統市場轉型」已經不是一個新鮮的口號，但為何而轉型？目標顯然不是要取代超市。這裡乘載著社區過去的共同回憶，但同時也是一個有機體，依照生活的樣貌蜿蜒生長，由眾人的日常盤根錯節成記憶的通道。感情和趣味無非如此產生，若「轉型」僅著眼於「像超市一樣」，反而失去意義了。

阿成手工麵點

營業時間：週二至週日09:00-12:30

地址：東菜市38號攤位

阿成製麵所

營業時間：週二至週日08:00-14:00、17:00-20:00

地址：台南市中西區民權路一段182號

京發鮮活食舖

先是一家人，才有一間店

東菜市的店家大多在中午十二點半陸陸續續打烊，打烊後的市場幾乎空無一人，外頭正午的陽光凝結在已經泛黃的擋光板上，沒有來往人潮，東菜市的建築更顯出它的年紀。

昏暗的走廊上，一位穿著連身塑膠圍裙的清潔阿姨登台，她喀拉喀拉地拖來一個活動式的流理台，將灰色的軟管插進「京發鮮活食舖」攤位前的水溝縫。人聲共八部，菜刀為鼓棒，磨刀石點綴清澈的響音，背景還需一些水龍頭清涼的嘩啦嘩啦聲。市場打烊後，京發下半場的工作揭開序幕。

緊湊的準備工作

京發以第二代的兩姐妹和弟弟夫妻檔為主，還有黃爸爸、黃媽媽、兩位來做幫手的友人與一位清潔阿姨，大家一起收拾攤位，也開始為明天的生意

攤位的上方是肉簾，平台上有各種醃肉製品。

做準備。

大姐阿錚豪邁地用大桶裝的沙茶製作醬汁，黃媽媽在前台清理砧板、包材。弟弟阿堯拿著木柄的錘子，將一片片的豬肉打鬆，小妹小雯和黃爸爸忙著用切肉機將肉切絲或切片。肉品經過初步處理，分門別類放入不同的大鋼盆等待醃製，醃肉必須浸泡醬汁和搓揉入味，肉餅類產品還需要拌入事先炒好的配料、香料。

阿堯的太太將大把大把的蔭瓜、芹菜切丁，接著還得準備胡蘿蔔和香菇。備料的工作告一段落後，眾人便輪流加入攪肉、拌肉的行列。拌肉很需要手勁，整個上半身都得出力往盆裡攪和才行，有些肉拌了蛋液，有些拌了調味過的蔭瓜汁，有些拌了蔥，一盆拌完，另一盆又突然冒了出來，似乎永無盡頭。

大家工作期間，負責清潔的阿姨也沒停過，用畢的容器和餐具，阿姨立刻唰唰唰地用沙拉脫和菜瓜布清洗。

團隊的分工是很精實的，所有作業進行得很順暢，那些看似無止盡的大盆才逐漸減少；分裝成一盒盒的肉品進了冷凍庫，兩公尺高的冷凍庫上，用馬克筆寫了許多熟客的電話。

「做這行，很辛苦喔。」黃媽媽用一貫典雅、溫柔的聲音說。瘦小的她還得踮起腳尖才拿得到掛鉤上的塑膠袋。

去油、去筋、抓肉

肉舖或許是市場內最早開始準備、最晚離開的攤販，像京發這樣販售眾多品項的肉舖更是如此。若從凌晨肢解豬隻開始計算，京發的攤位已經營業十二個小時以上，回家還得將今天處理的肉品做真空包裝保鮮。

肉舖在市場的生意受天氣、節慶影響大，請固定員工不划算，請計時人員要擔心做不出品質，所以京發只能全家動員，維持攤位的運作。

肩膀寬大、雙臂特長的黃爸爸是攤位的基石。每天凌晨一點，電宰豬隻送到攤位後，黃爸爸會依照豬的不同部位，先進行大面積的肢解。雙雙豬腳掛在白森森的鉤子上，先用布擦拭過，再用火槍將豬隻去毛，內臟也先用滾水燙過再冰鎮。接下來大姐阿錚和黃媽媽加入，一起進行漫長的去油、去筋工作。

去油、去筋是肉舖細膩程度的展現，大姐阿錚和黃媽媽用刀鋒將薄如棉紙的油脂從肉上分開，動作

正在肢解肉塊的黃爸爸。

行雲流水。豬肉面積有多大，刀鋒要刮過的面積就有多大，和想像中大手大腳地碎骨剁肉完全不同。

再來是細分出各部位的肉品，黃爸爸說這叫「抓」，比方說從梅花肉中抓出梅花二層肉，或從大里肌中抓出邊肉。「抓」這個詞很貼切，意味著這個動作需要眼力和適當的力道，是精細的工。要抓出獨門的肉，需要對肉品的觀察和經驗。

同一部位的肉還有分肥瘦、軟硬、顏色，邊去油就要邊分類，一早處理肉品的時間，少說也要四小時。大部分的肉品一處理完就進冷凍庫，因此處理肉品的攤位上沒有血水，也沒有難聞的氣味。工細、品項獨特、環境衛生，是許多客人喜歡向京發買肉的原因。

開始做醃肉

京發不只生鮮豬肉有名，醃肉也有一票死忠的粉絲，有趣的是，賣醃肉其實是隔壁攤位起的頭。民國八十年左右，京發隔壁的肉舖賣起了醃肉，但黃爸爸和黃媽媽的攤位上一直沒加入這個品項，一位開小吃店的老客人知道後，拍胸脯說做醃肉一點也不難，並且和黃爸爸、黃媽媽分享小吃店的食譜。京發經典的胡椒肉片、咖哩肉片、蒸肉等等，都是那位老客人的口味。

在過往的年代，因為只賣生鮮豬肉，備料相對簡單；加入醃肉、香腸等品項後，工序變繁瑣，攤位上就需要更多人力。

雖然三姐弟從小就要幫忙攤位的工作，但繼承家業本來並不在三人規畫內，大姐阿錚和弟弟阿堯接手京發前，都有一份自己喜歡的工作，小妹小雯則是照顧三個孩子的全職媽媽。回到市場的過程中充滿了與自我的對抗和妥協，最後姐弟因為對爸媽放不下心，又重新聚首在這個兒時支撐起一家生計的攤位。

上市場買肉去

對於吃肉這件事，每個人都可以有不同的見解，下回上菜市場買肉時，先忘記那些複雜的肉品名稱和重量換算吧！找一間值得信任的肉舖，告訴老闆想做的菜色和偏好的口感，讓肉舖老闆推薦你要買什麼肉。不同肉攤抓的肉都不一樣，許多口感特殊的極品部位，老闆甚至都不知道是什麼名字，執著在食譜上肉品部位的名稱，會錯過很多有趣的食材。

我喜歡攤位上的調味肉品，就算在家裡潦潦草草地煮鍋白飯，也能因為加入這些已經調味好的肉而產生自己廚藝很了不起的錯覺。因為第二代的加入，京發的香腸、肉製品類也一發不可收拾。除了羅勒香腸、辣椒香腸、羅

拌了蔥的醃肉。

勒杏鮑菇肉餅、蒸肉、京醬肉絲等固定班底外，咖啡香腸、迷迭香香腸、草莓酒香腸，各種有趣的特色口味紛紛出籠。

天下無不肥的香腸，但京發的香腸肥得恰到好處，絕不讓人有口腔黏膩的感覺。調味有台南的甜，用平底鍋煎一煎，配著淡啤酒吃，是有點奢侈的宵夜小點。

看著京發一家，先是家人，才是一間店舖；先是感情，才是生意。這幾年攤位做了很多改變，做品牌、社群外，攤位也陸陸續續地翻修，二代甚至租下了市場的另一個空位，準備開始京發的升級計畫。

雖然營運上總是會有意見不合的時候，黃爸爸、黃媽媽也有放心不下的時候，但一家人彼此說話總是輕聲細語，想吵架似乎也吵不起來。有家人可以相互依賴，是我在京發感受到的可愛與溫馨。

京發鮮活食舖

營業時間：週一至週日09:00-12:30

地址：東菜市13號攤位

芬蘭魚丸

母女相傳的魚丸攤

「芬蘭魚丸」攤位平台上用一層有些厚度的半透明塑膠布蓋著，一邊擺著五顏六色的火鍋料，另一邊則是相貌樸素的丸子、魚餃。我總想一次多買些再分成幾餐煮，卻被琡文老闆擋下，她特別交代我們大部分的魚丸不能凍，先買兩樣就好。

兩樣也罷，每樣還只准買三、四顆，我就這樣多跑了幾趟芬蘭魚丸採買，這些魚漿製品都是汆燙過就可以上菜，不管煮湯或當作配菜都可為食物增加不少風味，對自炊者來說實在很方便。

有一次，我的目光停留在琡文老闆右手前臂上的刺青，她說那是她守護神名字的梵文，她剛從媽媽那接下攤位時，因工作右手受傷，康復後才決定刺上的。她拉了一張椅子請我坐下，自己則坐在小凳上，我的視線正好對上那包被塞在攤位下、有點皺皺的菸盒。

琡文老闆正在夾取火鍋料。

從手工活到家族企業

「我阿公在區公所工作，家裡要養七個小孩，我媽排行老三，阿公退休的時候，我媽大概二十歲，下面還有年紀很小的弟妹。阿公擔心生活開銷，所以向工作上遇到的一位福建外省人學做魚餃，補貼家用。那大概是民國五十年的事吧。」琡文老闆這樣說。

魚丸、魚餃、魚冊製作過程相當繁瑣，必須投入大量人力，琡文老闆的外公教幾個孩子負責不同的步驟，有的挑刺打魚漿，有的負責擀皮包餃子，這樣的分工模式帶給孩子們長大成人後的謀生技能，並且在家族成員間延伸出獨特的供應鏈。

琡文老闆的舅舅每天凌晨三點就到魚市場挑漁獲，媽媽芬蘭在東菜市落腳，水仙宮市場也有其他親人的攤位，都是台南魚冊、魚餃的名攤。類似這樣的家族企業結構，在菜市場是相當常見的。

扛起一個攤的女子們

琡文老闆的媽媽芬蘭是傳統家庭中的長媳，五十年前她靠著標會，買下這個攤位的使用權。攤位上的魚漿製品使用狗母魚為原料，這種魚的刺特別多，光是處理魚肉大概就得花上三個多小時。她每天早上三點起床備料，市場收攤後便回家為公婆打理午餐、晚餐，還得肩負家務雜事的責任，那段日子每天都只睡三到四小時。姑且不論性別平等，那個年代女性的韌性實在不可思議。

琡文老闆說自己以前「摸飛」（意指打混摸魚），不懂賺錢的辛苦，投資過燒烤店，做過傳播業，總不覺得有定下來的必要，偶爾幫忙看顧攤位僅是盡良心上的義務。直到後來媽媽身體出現狀況，她才全心投入攤位經營，現在經營的擔子落在她一人的肩上。

魚冊、魚餃，作法大不同

東菜市收攤後，琡文老闆會回家備料，雖然魚冊、魚餃都是魚漿製品，但作法不同，差異就在餃皮上。魚餃皮的作法是將麵粉、太白粉、魚肉混合，接著用玻璃酒瓶將麵皮擀平至〇・三公分左右薄（琡文老闆特別交代一定要是玻璃瓶才不容易沾黏），接著包入豬肉內餡。

若是魚冊，備料方式一樣，但不用酒瓶擀麵，而是用菜刀像是抹奶油一般，慢慢地在麵皮上把魚漿推開，用這樣的外皮再包入豬肉和一小截芹菜。僅僅是擀麵的方式不同，兩種食物的口感就有很大的差異。

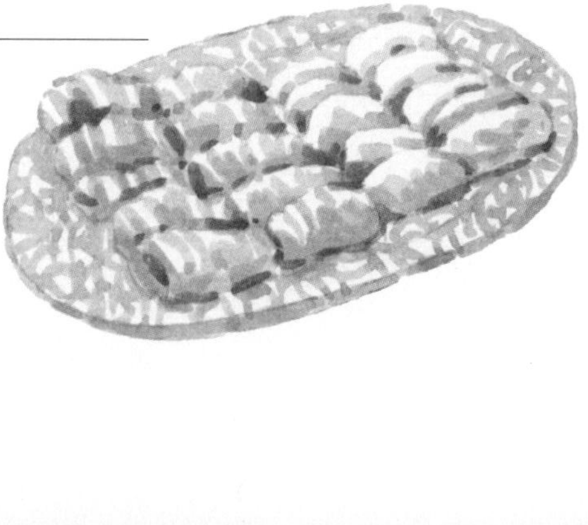

右邊是魚餃，左邊為魚冊。

魚漿類產品雖然四季都有，但是最佳品嘗季節是冬天，芬蘭魚丸的魚漿製品沒有膠類、硼砂或硝酸鹽添加物，少了這些增加黏度和彈性的化學成分，魚肉本身的油脂成為產品口感的關鍵。冬天時魚類的油脂豐厚，做成魚漿後肥美鮮嫩，自然比夏季時更加美味。

芬蘭魚丸在年節前後，也會推出八寶肉丸、花枝漿捲、蝦捲等菜色，這些都是費時費工的手路菜，店內就算有準備，數量也極少。除了自製的商品外，攤位上也有向親戚或工坊進貨的商品。

我曾在攤上買了貢丸，煮成貢丸湯後味道極為鮮美，那是新鮮動物油脂特有的鮮甜，不需加上其他點綴就充滿了飽滿的韻味，詢問琡文老闆，才知道那是向新竹的老廠訂購的，雙方已經合作超過三十年。

職人的下一步

琡文老闆講到烹飪食物時特別仔細，如果沒有菜市場這樣的空間，不知道這般職人的下一步會往何處？我曾問過琡文老闆，網路電商或團購是否是一條可行的路，但老闆說自家產品需靠層層把關確保品質，只能提供少量、新鮮的貨品給客人，在人力不足的狀況之下，實在很難同時處理網購的大量訂單。

「當初我媽媽用兩百萬買了攤位的使用權，現在市場沒落了，一攤五十萬都不知道有沒有人要。其實我覺得市場還有很多可以活化的地方，只是現在的政策都太表面了。」回到市場這個空間，琡文老闆提出了她的看法。

市場改革總有種種的人事和行政流程要執行，市場內大大小小五百多個攤位，在如碗公般層層堆疊的行政架構下，最後出來的策略往往無法觸及核心，愈是大型的傳統市場，就愈容易如此。

市場，是日日努力的地方

「以前我也會怨啊，覺得自己為什麼不是出生在富貴的人家，但現在想想，靠著這個攤位，我爸媽已經盡力給我最好的了。」琡文老闆說：「攤位還有是賺錢，雖然不多，但可以養活我自己和爸爸媽媽，所以我還是會繼續做下去。」

週一是東菜市休市的日子，琡文老闆依舊來市場擺攤，不管在哪個年代，菜市場總有求生存的故事，在這之中或許有爾虞我詐，但也不乏善良、溫情和可愛的一面。

東菜市裡還有更多像琡文老闆這樣的職人，求生存也罷，傳承也罷，因為這些人日日的努力，才形塑出菜市場的樣貌，和台灣人對菜市場的記憶。

芬蘭魚丸

營業時間：週一至週日07:00-12:30（週一提早收攤）

地址：東菜市3號攤位

阿嘉香腸熟肉

求新求變的市場生存守則

一年的中秋節前夕，託前幾週下雨的福，雖然是晴天但天氣稍微不那麼酷熱，菜市場又熱鬧了起來，原本生意就很好的「阿嘉香腸熟肉」攤位上更是絡繹不絕，排隊的大多是五、六十歲的客人。

老闆娘惠萍拿著鋒利的刀，雙手沒停下來過，一截截粉腸切開後，放進塑膠盒，秤重，用橡皮筋將塑膠盒綁好，拿給客人時還不忘笑盈盈地說：「抱歉久等了。」她就像是這座小攤子的太陽，散發著源源不絕的活力。算算她和先生阿嘉這樣顧攤的歲月也過了三十年，而他們的小兒子銘杰則是近年才開始加入攤位經營。

由角料成為人氣美食

香腸熟肉是台南常見的美食，它不是三餐的主食或配菜，通常是下午茶

惠萍姐不停在攤位上切香腸熟肉。

時間和宵夜時吃的點心；當然，如果不太有胃口時，也可以拿來取代正餐。一般香腸熟肉店的基本菜色是粉腸、糯米腸、蟳丸，但是各家店面的品項仍有所不同，畢竟最初是辦桌業者為了充分利用角料或消化多餘的食材衍生而來的。

特別要說的是，台南的粉腸和北部的粉腸（通常指豬腸）不同，南部的粉腸內餡是使用地瓜粉和豬肉的瘦肉製成，加上紅麴成色，灌入腸衣中，外觀是非常淺的粉紅色，因為加了紅麴所以有天然的甜味。一些攤商為了求顏色鮮豔使用色料上色，吃起來反而沒有那樣淡雅的氣味。

台南的香腸熟肉攤也常見海鮮菜色，像阿嘉的攤位上也有賣魚卵、鯊魚肉、水煮小卷、蒲燒鰻等，有許多選擇。

初露頭角——滷豬腳

阿嘉香腸熟肉攤以老闆命名，但這個攤位最早是由他的母親在一九四〇、五〇年代租下的。阿嘉老闆是老台南人，父母那輩在東門城附近務農，並把作物運到菜市場販售。不喜歡務農的阿嘉年輕時嘗試了很多工作，但在外頭繞一圈後，最後還是回到東菜市做生意。

對阿嘉老闆來說，市場工作日日見財，賺多賺少自己比較有譜，心裡踏實很多。一開始雖然與母親共享攤位空間，但阿嘉也在攤位上做些新嘗試。他批了一些當時菜市場較少見的小西點、小粽子販售，生意固然不錯。然而批貨的利潤和品質都不好掌控，因此他向辦桌業的朋友討教滷豬腳的技術，決定自己滷豬腳來賣。

一開始，阿嘉與惠萍夫婦倆只是在菜攤的一角賣滷豬腳和滷筍子，滷好一大盤的豬腳常常早上十點多就售罄，直到阿嘉的媽媽退休，豬腳才成為攤位上的主力產品，這是攤位上商品第一次正式轉型。

費時又費工的香腸熟肉

一九九七年，台灣爆發了口蹄疫，人心惶惶，聞豬肉色變，豬腳生意也一落千丈。阿嘉老闆看著這樣不行，於是向另一位也是從事辦桌業的朋友學習製作香腸熟肉點心，降低攤位對豬肉原料的依賴度。雖說是學習，其實也只是師傅做、阿嘉夫婦在一邊觀摩的形式，不管怎樣，還是學到了做點心的技術，開啟了第二次轉型計畫。這次轉型很成功，現在來攤位買滷豬腳的人少，但香腸熟肉的生意卻大好。

在製作程序上，香腸熟肉比滷豬腳麻煩多了。中午，東菜市

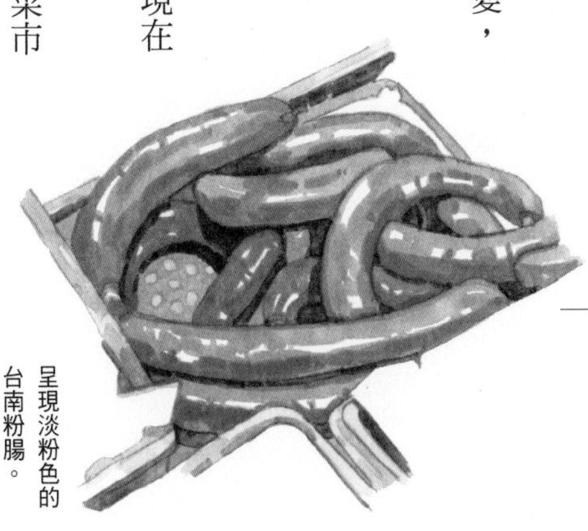

呈現淡粉色的台南粉腸。

收攤後，就進入了阿嘉老闆一家人備料的時間，舉凡三色蛋、粉腸、糯米腸、蟳丸這類需要大量手工的菜色，必須在下午時段製作完成，隔天凌晨起床後，再放入大鍋子炊煮，以趕上早上開市的時間。同許多菜市場的攤販一樣，做這行工時長、休息時間少。

香腸熟肉融入中、西飲食

老闆推薦的特色菜是蟳丸，蟳丸裡沒有蟳，而是使用粉漿製成的炊粿，用平底的鋼盤裝著，表面有一層看似蟹黃膏的鴨蛋蛋液，因此得名。阿嘉老闆的蟳丸內還加入了荸薺，荸薺沒有什麼味道，但可以在柔軟的蟳丸中增加清脆的口感，也中和了粉漿濃郁的調味。

我也很喜歡攤位上的糯米腸，這些糯米腸其貌不揚，像是一堆大小不一、肥肥短短的馬鈴薯，但實在美味。週末時買一盒糯米腸冰著，週間晚上肚子餓的時候可以熱來吃，清清淡淡、口感偏軟的糯米配上花生，香氣很素雅，雖然是隨處可見的小吃，但依舊值得一嘗。

除了當作傳統熟食點心，我也品嘗過由西餐主廚以阿嘉攤位上的蟳丸、小卷、魚卵搭配西式生菜做成

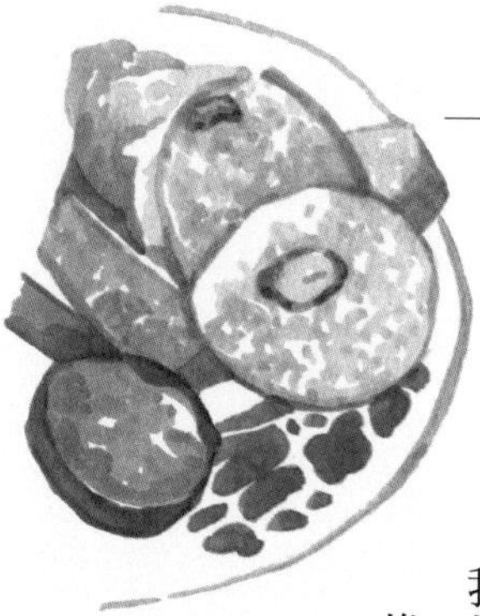

糯米腸是我常買的菜色。

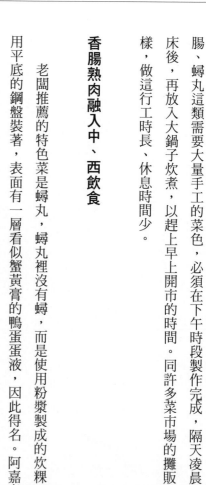

的開胃沙拉。一般香腸熟肉是沾著蒜蓉醬油和綠芥末，主廚則使用自製的蜂蜜黃芥末取代，生菜和芥末的味道沖淡了肉類的氣味，適合喜歡清爽口感的客群。

手工菜的美味傳承

身為消費者，很少能理解市場攤商的工作型態。在菜市場工作真的不容易，即使僅僅是生存下去，也很有挑戰性。

雖然東菜市傳三代的攤位不少，但像阿嘉老闆這樣轉型數次的並不多。而看著老闆的小兒子銘杰也回到攤位學技術和做生意，每每拜訪總會看到一個靦腆的身影在攤位上幫忙包裝、結帳；相較於老闆娘熱情的招呼，他顯得安靜許多，似乎還在與市場磨合。吃下香腸熟肉時，好像更能體會那份美味傳承，並不是那麼理所當然了。

阿嘉香腸熟肉

營業時間：週二至週日09:00-12:30

地址：東菜市255號攤位

市場散策

新貴婦戰場之戰線延長！

因為地緣的關係，東菜市是我最熟悉的台南市場，除了商品種類多元、環境打理整齊之外，好吃的東西更是多，連流動攤販賣的熱食也鮮少讓人失望。以下幾間特色店家，也很值得一嘗。

吳媽媽自然農法蔬果站

這是餐飲業的朋友推薦的蔬菜攤，除了標榜有機、無毒栽種，攤位上蔬菜種類的選擇很廣，可以買到一般超市少見的過貓、糯米椒、紫甜椒、小馬鈴薯、石蓮花等蔬菜。

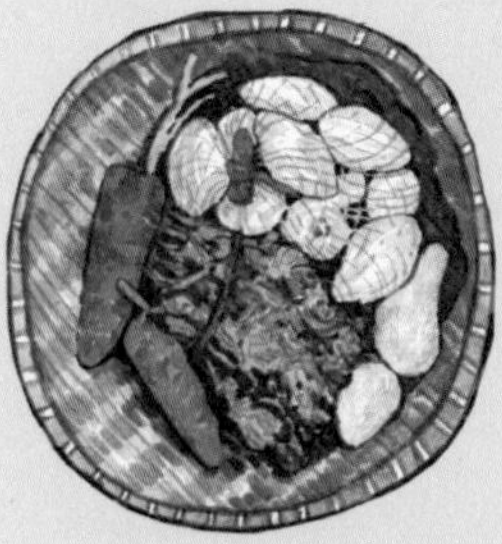

吳媽媽攤位上的各式蔬果。

夏天時我喜歡吃烏梅醬拌過貓和炒糯米椒，是提振食慾的菜色。除了新鮮蔬菜，攤位上還會有醃漬的洛神花和罐裝薑黃粉。

彩虹媽咪披薩專賣店

彩虹媽咪所販售的商品有大小吐司、軟式法國麵包、牛角麵包、葷素比薩和蔥麵包等，在攤位前可以看到穿著短褲和花襯衫的老闆在店裡擀麵。店內販售的麵包鬆軟不油膩，是一般大眾都會喜歡的口感。老闆使用果醬揉入小吐司的麵糰，依水果產季會有洛神花、芒果、火龍果、柳橙可以選擇。

我最喜歡的是蔥麵包，彩虹媽咪的蔥麵包表皮保有粗糙的質感，內餡使用大量的起司和蔥，很具飽足感。購買吐司或軟法時，建議可以自備食物袋。

彩虹媽咪的牛角麵包。

洪姐攤位一景。

洪姐私房料理

「洪姐私房料理」是懶得下廚時的救星，薑絲大腸、紅燒牛肉、紅燒豬肉、辣肋排、滷豬腳等菜餚，光是擺在攤位上的樣子就令人垂涎三尺，也有販售湯品。從配料到湯頭都是由洪姐細心熬煮，調味不會過於重鹹，是許多主婦心中的愛攤。

如果喜歡一菜多吃，可以嘗試看看紅燒牛肉。以蔬果、洋蔥熬製湯頭燉煮，湯頭在醬油甘甜外多了一抹清新的餘韻，紅燒肉軟而不爛，連熬湯的洋蔥也好吃得不得了。洪姐的紅燒湯頭都給得很大方，湯汁可以稀釋後煮紅燒牛肉麵或做燴飯的醬汁。只是攤位並非固定營業，目前只有週三、五、六、日會在東菜市擺攤。

蘇家鱔魚

不少遊客來台南都喜歡吃炒鱔魚，炒鱔魚的精髓除了滑溜的鱔魚外，就是甜甜酸酸的醬汁了。「蘇家鱔魚」攤位上就有販售自己調配的「五賢醋」，以醋為基底，再加入幾味配方，適合作為炒鱔魚、花枝的醬汁。攤位上還有販售鱔魚、吻仔魚、青蛙、台灣鰻、螃蟹等等高級食材，這些海鮮或許平時不常買，但是老闆會很熱情地教客人怎麼料理。如果食材新鮮，隨意料理也會是美味的。

蘇家鱔魚的五賢醋。

水仙宮市場

海海人生，海派市場

說到水仙宮市場，想到的代表商品往往是高檔海魚、水果禮盒、乾貨等。在朱紅色而慎重的大門前，喧囂的叫賣聲、塑膠桶拖過地面的摩擦聲、刀片磨過魚鱗的聲音，那是人們的努力，也是對於生命有限的奮力一搏吧！

走進光線昏黃的「水仙宮市場」，配樂應該是「教父華爾滋」。這裡曾經是台灣富商的聚集地，集金錢、權利、性、毒品、宗族等各種幫派電影的元素於一身，可惜正史對此的著墨並不多，不然應該也可以拍出一部台灣版的《教父》，若有那樣的電影，第一個鏡頭會從海開始，而且將懸而未決的畫面停留在菜市場七彩繽紛的百貨之上。

府城過往的經濟命脈

台南是水的城市，灰色的海水夾雜著淺海的泥沙，一波波浪滾入質地粗糙的沙岸，富裕的開端便是水道。鄭氏時期，地方仕紳與商人為了從安平或鹿耳門港運輸貨品，集資修建了五條港道；大西門建立後，五條港屬於「城外」，但由五條港進入府城的貨物，由此分散到舊城裡的主要街區，說是供給府城經濟養分的命脈也不為過。而水仙宮就坐落在南勢港、佛頭港一帶。

水仙宮內供奉的是水仙尊王，此地巨大的商機吸引了社會各階層的人們聚集，搶生意、占地盤，械鬥或官商勾結的事層出不窮。富商可以買到苦力、性服務和各種聲色娛樂，並且形成一股可觀的政治和社會力量。這裡也吸引了追求發財夢的羅漢腳，但若沒有命運之神眷顧，很有可能淪為港口苦力；欠下大筆債務、成為乞丐者也為數不少。同時存在了極貧、極富人口的水仙宮，成為府城中非常特殊的角落。

現在的水仙宮市場

不管是清朝年間，或是日治時期，水仙宮周邊一直都是買賣聚集的場所。現在的市場以水仙宮大門為中心，走道上有賣傳統的甜湯配料，如洋菜凍，也有深海魚、蛤蜊、季節蔬菜等生鮮攤。沿著普濟街走，可以看到許多賣衣服、家用五金的攤位。當地攤商告訴我水仙宮市場亦有「好野人菜市場」之稱，今日說到這裡，想到的代表商品往往是高檔海魚、水果禮盒、乾貨等，這個名稱似乎也有幾分道理。

陽光微塵下，水仙宮敞開朱紅色而慎重的大門，人們魚貫穿梭在市場走道上。海岸線愈退愈遠了，宮廳內的神明知道富貴船過水無痕，沉穩地坐廳堂之上。喧囂的叫賣聲、塑膠桶拖過地面的摩擦聲、刀片磨過魚鱗的聲音，那是人們的努力，也是對於生命有限的奮力一搏吧！

水仙宮市場

營業時間：週一至週日早市，每月第四個週一休息

地址：台南市中西區海安路二段230號

攤位類型：水產、肉、蔬果、乾貨、小吃、熟食、成衣、家用品、糖果點心

寶來香傳統餅舖

記憶裡的餅香滋味

漢餅不是一般人常吃的食物，但糕、餅、粿等，在人們腦海中已經與熱鬧的節慶緊緊綁在一起。雖然稱自己不愛甜食，但每到中秋節，不吃肥滋滋的月餅就覺得空虛；小時候外婆張羅拜拜總會買紅龜，糯米的口感和放在竹葉上的香味，讓我在長大後還是很著迷這類點心。

餅舖的工作

到訪「寶來香傳統餅舖」的下午，水仙宮的大門敞開，門口放了兩張黃色、亮到刺目的捐款感謝板，而小小的寶來香店面，就這樣不張揚地窩在水仙宮旁。狹長型的店舖，前面是展示台，中段擺放了工作台、烤爐和攪拌機，後院則是蒸餅和油炸的工作區。

寶來香的工作台上夾滿了許多手寫的訂單，有些字跡潦草無法辨識，又

「寶來香」琳瑯滿目的點心糕餅。

加了一些奇趣的圖案以說明內餡的材料。店面不大，但一直充滿活力地運作著。一旁水仙宮歷史是三百年，寶來香商號歷史八十年；天上與人間，這樣年份差異還不算太大。

當日下午，桂鳳姐才剛去超商宅配了一盒大餅到屏東，回到店內就和小兒子忙進忙出，他們正在製作麵茶和冬瓜蝦米餅，她的小兒子用擀麵棍將芝麻碾碎，裝進大盆內備用。桂鳳姐腰上纏著護腰，還是得站著工作，熟練地將冬瓜條切成冬瓜屑。

店內主要客群是散客，許多家庭會來寶來香預訂家中拜拜要使用的糕餅，店面展示的「四獸仔」（庶饈仔，意指零食）也吸引了不少人購買。店頭賣的品項基本班底是柴梳餅、餅粒、冬瓜蝦米餅、黑糖椪餅。而三色糕、壽桃、大餅、紅桃、三牲糕仔一定要先打電話預訂。

麵粉堆中的四分之一世紀

「做餅很累！」桂鳳姐手上的菜刀沒停下。這位老闆娘原本從事成衣產業，結婚後因為先生家的店舖需要人手，才一頭栽進傳統餅舖，並且也考取了烘焙的丙級證照。她說就當一技之長，學東西要趁年輕。

做漢餅工序繁瑣，桂鳳姐回想初學時，有幾次餅送進烤箱，人已累癱，才突然想起這邊忘了加鹽、那邊忘了加糖。整盤餅出爐後，只能送給鄰近的攤位。

轉眼間，桂鳳姐也在寶來香度過了二十五年，寶來香的配方已深深刻在她的腦海中；一頭做訂單，一頭做店內販售的商品，她是游刃有餘。現在她帶著二十五歲的小兒子做餅，手把手從備料、做餅皮、烘烤帶起。一邊說做餅累，要被時代淘汰了，但是兒子願意接棒，讓老店招牌繼續延續，桂鳳姐無疑是開心的。

「我已經很龜毛了，我兒子更龜毛。」桂鳳姐帶點節制地讚美，兒子無動於衷，洗完鐵盤繼續炒麵茶。麵茶的顏色是溫和的米色，空氣中逐漸有炒麵粉的香氣，帶點堅果的味道。

桂鳳姐一家人。

餅與人、餅與神

做餅的眉眉角角之多，像寶來香這樣大部分商品都是手工烘焙的傳統餅舖更是如此，即使看起來最樸素的鳳片糕，要是粉、水比例稍有閃失，口感就不留情面地走味。許多粿類產品一次也不能蒸太多，要不然受熱不均，形狀會不好看。夏天工坊裡悶溼，冬天的天氣冷，麵粉發酵慢，偏偏年節又是接單量最大的時候，人手永遠不夠，是餅舖又愛又恨的時節。

漢餅也是緊貼著個人記憶、家族記憶的點心。每家每戶對某種點心該長怎樣，都有一套自己的看法，所以寶來香接到的訂單也是百百種。拿壽桃來說，有的壽桃要麵粉皮，有的要糯米皮，有的要加蛋；有的餅要葷，有的要素，有的要葷素參半；烏龜造型餅則有的要大隻，有的要小隻。寶來香的訂單上充滿各樣的排列組合，原來人與神的事情，也是充滿彈性。

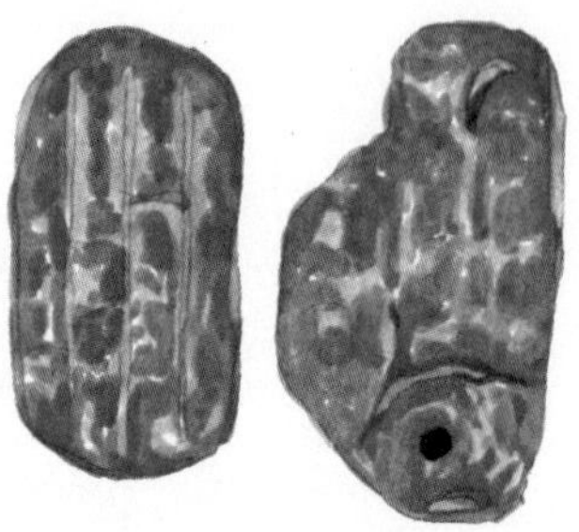

可以做成不同牲口造型的漢餅。

華人社會多是實用主義，特別重視現世生活的圓滿，而那圓滿是由各種物質構成的，因此祭祀的物品也充滿人味。麵龜、紅龜象徵長壽，適合作為給神明還願的禮品；送上雙連龜、牽圓仔是祝福主人家能再添丁，並且好事連連；發糕表面看似烘焙失敗的裂痕，被解讀為旺運發財；

祭祀太陽星君使用的九豬十六羊，竟有反清復明的意思。種種點心因為寓意不同，又分出場的時節和儀式，總之是漢人飲食譜系的暗語，吃一顆餅可比喝一杯符咒水。

消逝的密語

即使工作台上有不少訂單，桂鳳姐還是這樣說：「現在市場沒落了啊，再下去可能都要消失了也不一定。」

當人們的信仰和生活習俗都在改變，記憶隨著一代人的凋零，傳統餅舖的下一個市場會在哪裡？店面狹小、人手不足、客製化訂單種類過多等等狀況，也讓寶來香陷入「想接單又怕做不完」的兩難。有些產品甚至因此停產，成為記憶裡的點心。

當物質生活進步太快時，祭祀未知、對匱乏的敬畏往往逐漸被遺忘。如果這些漢餅是關於幸福的密語，我們的集體記憶是否可以給予更美好的寓意？是否依舊能因為一口鹹甜鹹甜的餅，內心感到安定？又或者漢餅終究要墜入凡間，成為如同便利商店的袋裝零食呢？

寶來香傳統餅舖

營業時間：週二至週日08:30-16:00

地址：台南市中西區神農街8號

上餅鋪買傳統糕餅點心

寶來香大部分的訂單是祭祀用的點心，但其實店內也有很多不同的選擇，不只有傳統的漢餅，也有日治時期留下來的和洋菓子。寶來香老闆娘推薦了幾款特別的小點。

黑糖椪餅

又稱香餅，是台南的傳統點心。其形狀同一個包子大小的安全氣囊，外殼如蛋殼酥脆，內層中空，裹著一層堅實的黑糖霜。寶來香的黑糖椪餅相當有名，以前來買的都是坐月子的人家，椪餅挖洞後以麻油煎熟，再加上雞蛋，是給產婦的補品，但現在大部分的人都當做一般點心食用。

冬瓜蝦米餅

寶來香的招牌商品，採用冬瓜條、蔥、芝麻、豬肉、蝦米等配料製作內餡，鹹口味的內餡，搭上甜甜的、烤到金黃色的餅皮，這種甜鹹甜鹹的衝突感，是許多人喜歡漢餅的原因。

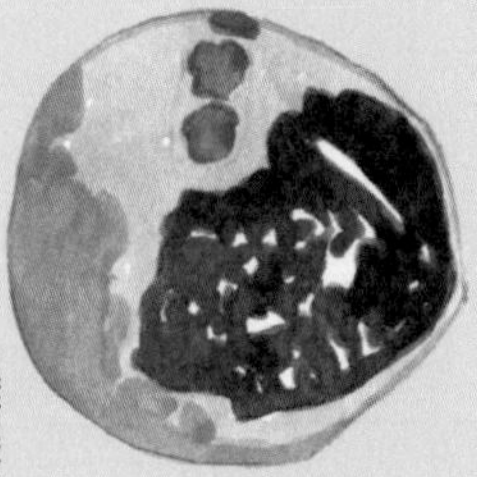

黑糖椪餅。

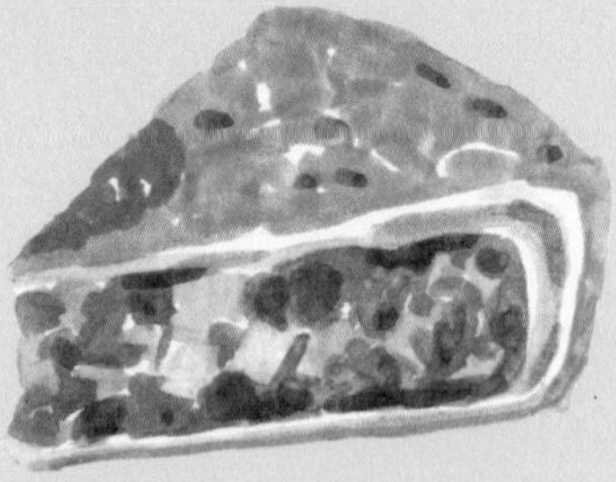

冬瓜蝦米餅。

鳳片糕

鳳片糕是以糯米、糖為原料的點心，一面是白色、另一面是螢光粉紅色。我在台南的一間喫茶店吃過，一小片鳳片糕配上紅茶，非常對味，也對這個點心產生好感。據說鳳片糕可以久放不壞，到寶來香店內購買時，請老闆切要買的量包裝即可。

鳳片糕。

胡椒餅

又稱古月餅。胡椒餅總令我想到路邊的小攤子，把餅貼在甕或大鐵桶中炙烤，裡面包著流出湯汁的肉末。但是傳統的胡椒餅並不是這樣，雖然也是中空、裹著白芝麻的外皮，但是裡面包的是胡椒糖餡，這是寶來香不定期上架的商品。

柴梳餅

造型如同半月型的木梳而得名，是圓形的酥餅皮對折後烘烤而成，在市場內多稱沙西餅，內餡有強烈的蒜頭味，在北部似乎也直接叫蒜頭餅居多。

胡椒餅。

柴梳餅。

蒜蓉枝

蒜蓉枝是處理過的麵糰經搓揉後，沾上白色的糖霜油炸，乍看普通，但常一吃就停不下來。近年因為吃素的人口變多了，許多長輩也吃早齋，所以寶來香的蒜蓉枝不再加蒜頭，成為素食者也可以享用的點心。店內蒜蓉枝的另一個特點是較軟、口感綿密，牙口不好的老人亦可應付。

蒜蓉枝。

麵粉酥

麵粉酥是有點像沙琪馬的點心，製程相當繁瑣，麵粉要和，要炸，要上麥芽糖。除了做成塊狀外，也有雕塑成三牲造型的麵粉酥，早期甚至是遊覽車旅行團指定購買的商品，但現在買的人比較少了。

餅粒

餅粒是大小如拇指的點心，外皮是烤至金黃的麵皮，造型如螺，多包甜餡料，其酥皮相當厚。是日治時代流傳下來的點心，日文發音類似a-mo-lo。

麵粉酥。

餅粒。

口酥餅

口酥餅是小小的、圓形的餅乾，造型有點像合桃酥，是傳統訂婚時，由女方回贈男方的禮物。寶來香的口酥餅用洋紫色的糕仔包紙包裝，一包大約是兩個直式信封大小，方方正正，上面貼著寶來香的店名，看起來很體面氣派。

口酥餅。

菜碗

菜碗是祭祀時準備的六種乾祭品、六種溼祭品，六乾就是六種點心的同捆包。裡面包含米粩、麻粩、三色糖、雞只餅、龜仔餅、鳳片糕。

傳統菜包

冬至的時候，寶來香會賣傳統的菜包，菜包形狀像是放大的餃子，表皮帶光澤，並且有四個紅點。攤位平日也有販售肉包，但沒有固定上架。

寶來香還有一些較特殊糕餅是跟著大單一起製作，平時沒有販賣，一切都看運氣了。

凱爾有機無農藥蔬菜

進擊的小農

在台南菜市場賣有機蔬菜，凱爾應該算是開山始祖之一。他十年前就在水仙宮擺攤，除了自產自銷外，也向別的農友或工坊進貨，除了蔬果類產品，也兼賣味噌、醬料、小包裝五穀。十年前開始擺攤時，「凱爾有機無農藥蔬菜」就在海安路的紅磚道上。

對於有機蔬菜的第一印象

有機蔬菜十幾年前就出現在我家餐桌，每每都要聽媽媽說這把菜多貴，也因此我對有機菜的印象就是品質好但昂貴。即使在食安受到重視的今日，一般消費者了解農業的管道依舊有限，有些消費者狂熱於生機飲食，但更多的是像我一樣對有機、農業生產一知半解的消費者。

不如走入菜市場吧！菜市場是無法進入大型商業鏈的小農得以發揮理想

凱爾的蔬菜攤裝潢簡樸，商品一目了然。

的空間，也是一個充滿對話的空間。在菜市場買菜將有機會可以稍微窺視有機、農業生產的樣貌。

選購有機蔬菜

凱爾今年四十二歲，化工科系背景，曾經在錶面廠擔任主管，開始接觸農業是因為興趣。凱爾喜歡水族也種植水草，曾自學肥料調配，最初報名設施蔬菜栽培管理班時，為的也是種出品質更好的水草，修業完成後又參加有機農業進階訓練班。在農業改良場上課打下的基礎，再加上縝密的耕作實驗和規畫，凱爾的務農之路相較其他人少了許多跌跌撞撞。

以現代的科技，其實四季幾乎都買得到各種蔬菜水果，但夏天的蔬果味道較豐富；冬天蟲害少，蔬果產量大，味道就平淡些。在凱爾的攤位，夏天有秋葵、空心菜、小黃瓜、莧菜、苦瓜等，天氣冷時可以買到結球類的葉菜、青花菜、白花菜、番茄。

凱爾販售的的葉菜類一包大約是台幣三十到三十五元，價格相當親民，青玉色的菜梗和柔嫩的菜葉，打破

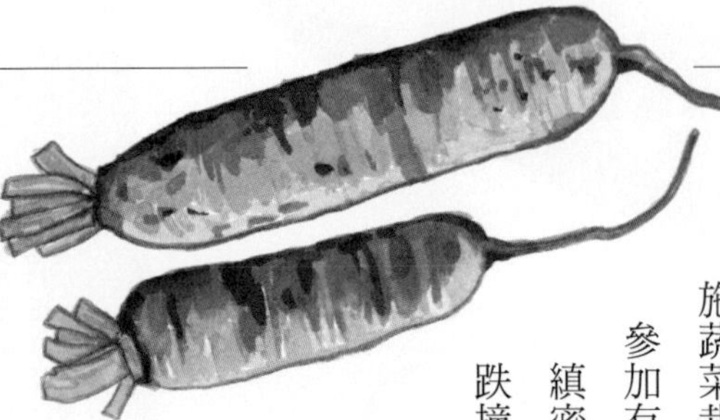

冬天特別好吃的蘿蔔。

有機菜必有蟲蝕痕跡的刻板印象。凱爾說葉菜表面有蟲洞，代表無農藥，或農藥噴灑期與收成日期至少已經隔了一陣子，但是水耕或溫室的無農藥蔬菜，葉面通常不太有蟲啃的痕跡。

有人認為當季蔬菜農藥較少，買當季蔬菜確實是很棒的觀念，但許多慣行農法的攤位即使販售當季蔬菜，也需要大量噴灑農藥維持產量。簡言之，一般消費者要從外表判斷有機和慣行農法的農產品是相當困難的。

有機標章的困難

我特別留意到凱爾的商品上並沒有有機標章，我詢問凱爾，是否申請有機標章對小農太過困難。

「袂合啦！我算過，每三年下來，大概要花七萬塊認證。標章貼紙一個，驗證公司要抽五角。」凱爾飛快地計算給我聽。

台灣有機食品認證要求零農藥、零化肥，但凱爾毫不避諱說自己贊成適度使用化肥，自己田裡便以有機肥為主，摻雜少量的化肥。在務農的前一、兩年，他花許多時間實驗不同肥料和栽種方式，希望能精準施肥，協助土地

圓滾滾的洋蔥。

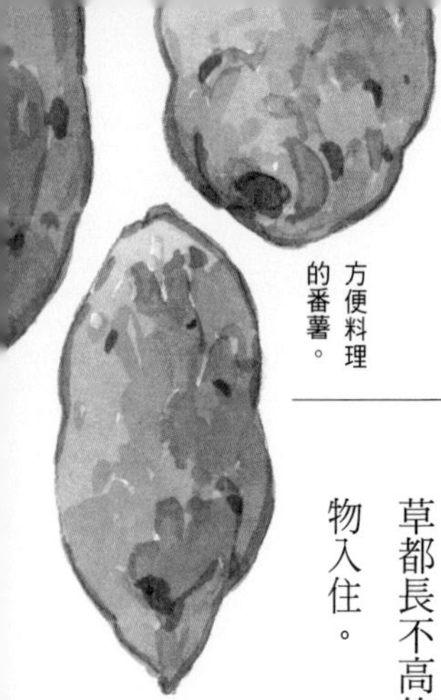

方便料理的番薯。

達到原本該有的狀態，但農藥、除草劑等是絕不使用的。

「有機肥料需要時間與土地作用，否則植物的根也吸收不了。台灣多雨又熱，土地本來就很難累積有機質。但有機肥缺少一些微量元素，如果全部使用有機肥，土地中的微量元素會耗盡，農產品的味道也會很奇怪。如果消費者不能接受，又有什麼意義呢？」凱爾如此分析。

許多抱著有機農法理念耕作的農夫，因為嚴苛的規定或成本考量，最後無法掛上有機標章上市，在行口裡只能直接與慣行農法的農產品競價。百分之百遵守台灣有機定義的農夫，雖然取得有機認證，但在市場卻面臨低產量、高成本的挑戰。推廣有機農產品，需要有行也有市，生產者和消費者之間還有許多磨合的空間。

從土地到市場

面向土地，凱爾又自信了起來。他曾花了一年半的時間養地，原本連雜草都長不高的田，現在不僅可以種出美味的蔬菜，田裡還有各種昆蟲和小動物入住。

與生物共存，大抵是要磨合的。好比田間的土撥鼠，因為長年在地底生活，幾乎是全盲的狀態，是很脆弱的生物，但當牠挖洞時若經過灌溉水道，水流會被改變方向。雖然如此，土撥鼠和其他生物仍是凱爾田裡的住客，逐步形成自己的生態系統。

「以前也很拚啦，覺得一定要種出多少量，但是回頭想想，這好像又走回上班的老路。務農賺得不多，要降低自己的慾望，心態也要調整。總之，務農也好，一般生活也好，不盲目追求，要有思考能力，知道自己在做什麼，要的是什麼。」他說。

西南氣流旺盛的八月，烏雲盤據這座城的上空，連續兩個禮拜的雨打壞了許多規畫，農人凱爾暫時無工可做，暫時可以天南地北地聊著。

凱爾的一席話使我更加理解——推廣「有機」不只是食安，更關乎於生活以及環境平衡。小農生產在台灣還是薄利、勞力密集的工作，更得面對產業結構和市場層層挑戰。如果消費習慣也算一種表態，真心希望這些小農能獲得更多支持。

凱爾有機無農藥蔬菜

營業時間：週三、週六、週日08:30-12:30

地址：水仙宮市場外圍，海安路人行道上

鴻宏行南北乾貨

傳承台菜經典口味

週日下午，水仙宮的市場多已收攤，潘先生騎著老舊的摩托車來到「鴻宏行南北乾貨」門前，手裡揣著一張神祕的小紙條：麵線糊祕方。在鴻宏行看店的佳展和微微好奇地研究單子上的品項，光是勾芡用的番薯粉，雙方就討論上十分鐘，可見乾貨的博大精深。

許多小吃都少不了加上幾味乾貨，水仙宮的乾貨選擇甚多，除了像潘先生這樣的做小本生意的攤主，每逢過年過節，來水仙宮買高級乾貨禮盒、烏魚子的客人也絡繹不絕，畢竟鴻宏行是這裡店面最大的店家。

循著香氣走進乾貨行

走入鴻宏行總會聞到一陣溫和的食材香氣，那是帶點陽光乾燥和海潮鹹鹹的氣味。夏天已經過了一半，店面的電風扇送出涼風，微微的女兒坐在店

充滿五感刺激的乾貨行。

前寫數學作業，說寫完了之後要和姐姐去便利超商吹冷氣；後台阿蕉姨正在整理帳目，就是一方店面的日常。

鴻宏行已經屹立在水仙宮市場超過六十年，這個空間是一個有歷史的商號，也是一個家族，開枝散葉，不少親戚繼續做乾貨買賣。目前鴻宏行由第二代老闆阿蕉姨經營，家族第三代的佳展和微微負責送貨和看店。在創業之初，鴻宏行並沒有店名，現在的店名是阿蕉姨取的，有鴻圖大展的意思。

第一代老闆是阿蕉姨的爸爸，以蛋品起家，店內除了販售一般雞蛋、鴨蛋，也自己洗皮蛋，或做鹹鴨蛋這類的加工品販售。

在交通不方便的年代，老闆批貨到北部的迪化街，發展成頗具規模的木耳、香菇大盤商，當時生意足跡遍布全台。店內也開始承攬辦桌相關用品，販售品項

店內有多種乾貨商品可以選擇。

多方擴增。今日除了各種南北乾貨，還兼賣各種生鮮、海味、糖粉、油品、麵粉、米粉、麵線、罐頭、高級進口零食和堅果。

台灣料理與辦桌文化

在辦桌服務中，除了固定的人工錢和場地費用，客人買的就是總舖師的工夫。澎湃的迎賓冷盤、蟹肉羹、紅蟳米糕、通心鰻、蒸鱸魚、香菇雞湯、白木耳涼湯等等，每場宴席中，乾貨行是總舖師的後盾。一般食材脫水後很難用肉眼分辨好壞，所以絕大多數的餐飲業者都會選擇值得信賴的乾貨行長期合作。

台灣是移民社會，飲食融合了島嶼上的各種文化，一開始並無台灣菜之稱。「台灣料理」一詞是在日治時代才出現，指的是具台灣特色的菁英飲食，也不乏在飲食文化上將台灣菜與中菜、日式料理分開的意圖。

台灣料理的菁英代表是酒家菜，在民間則有辦桌文化。但兩者追溯到源頭都是擷取台灣庶民日常的飲食特色而來，多湯菜，食材多樣，口味較其他中華料理淡，處理蔬菜時類喜歡爆香或勾芡。

對一般現代家庭來說，要在家擺出一桌辦桌料理有些難度，一般超市的乾貨區總是可憐巴巴地夾雜在湯包醬料的展示架之間，但市場的乾貨行卻有五花八門的產品，飽含著台灣菜的底蘊。使用乾貨行的貨品，拼出一小角的台灣料理，也幫做菜增加了不少樂趣。

去乾貨行買什麼？

鴻宏行的代表商品是各種乾燥菇類，台灣的香菇肉薄、菌傘形狀逼近圓型，大多是室內溫控種出來的；韓國的香菇較小，口感脆，香氣也濃郁，通常香菇梗都會先切除，適合煮湯或拌炒；日本的香菇大，花紋明顯，味道清香，因為質地軟而不韌，適合牙口不好的老人。

除了常見的香菇外，微微也推薦口感清脆的茶樹菇，適合拿來做麻辣乾鍋或重口味的料理。店內也有販售巴西蘑菇、北蟲草等菇類，各具風味，喜歡烹飪的人，可以買來實驗看看。如果不知從何使用起，可以先試著將這些菇類作為熬湯的材料，一般來說不太會出錯。

已經調味好的螺肉罐頭，是經典酒家菜「魷魚螺肉蒜」的必備原料，若嫌熬煮麻煩，罐頭螺肉拌入薑絲，一樣可以成為開胃下飯的小菜。罐頭裝的草菇，一口咬下有衝擊性的多汁口感，又有菇類的鮮味，許多人拿來炒木耳、豌豆或粉絲。至於高檔的車輪鮑，一般辦桌切成薄片做沙拉，鮑魚罐頭內的高湯還可以拿來煮湯、熬粥，一罐多用，是不需要高超手藝就可以在家

茶樹菇。

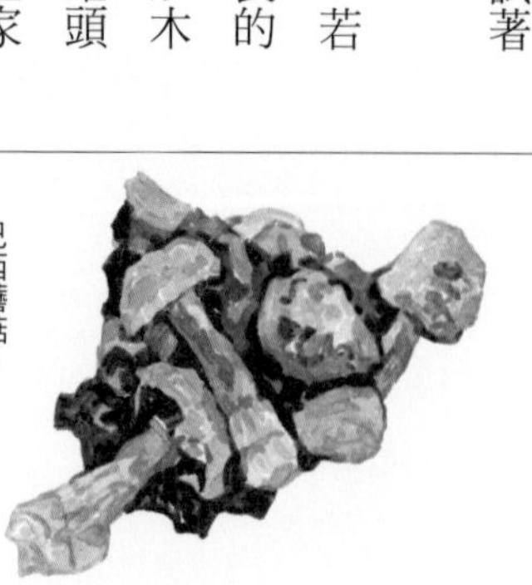
巴西蘑菇。

複製的菜色。

一點新、一點舊的飲食記憶

不知何時開始，談到辦桌，那畫面居然有種老電影的陳舊感，台菜成為家族聚會偶爾吃一回的選擇，平時也沒什麼機會吃了。曾經與辦桌業共存的鴻宏行，也逐漸調整經營模式，將更多重心放在做生意的攤主和小賣（即散客）上。

現在店內除了乾貨外，也賣真空蒲燒鰻、一夜干、生鮮干貝等高檔食材，讓大眾下廚變得更加簡單。經營團隊也研發出小包裝的堅果，利用大量採購的優勢，以較市面低的價格取得高檔堅果材料，進行手工烘焙、拌炒等程序，再以小包裝販售。

常聞時代的眼淚，那或許是人們熟悉的事物逐漸被剝除而流下的不捨。市場總給人一種傳統、不變的印象，但其實菜市場裡的攤商，對人脈網絡和產業上下游的變化是很敏感的。

鴻宏行營業一甲子，和許多老字號店家一樣，都是步步為營。我很喜歡這樣一點新、一點舊的混合狀態，在這之中好像可以找到黏著現在與記憶的物品，也因為這樣的接合，我們得以抹乾眼淚，將記憶拼入未來。

鴻宏行

營業時間：週一至週日07:30-17:00，每月第四個週一休息

地址：台南市中西區神農街22號

伊茙甸

與自然共存的小農夫妻

「伊茙甸」的攤位呈現L型，桌面擺著一籃籃新鮮雞蛋、自產的筍子和火龍果汁，還有其他農友託售的無毒麻油。

這個攤位在市場裡顯得很不一樣。沒有太多招呼和叫賣，攤位上的iPad輪播著芊伊和Alex在田間工作的照片，那些照片呈現出愉快的務農生活，兩人圍繞著神采奕奕的雞隻或碩大的絲瓜合影，芊伊也將這些照片分享到臉書的粉絲團。

對農業的嚮往，源於打工度假

Alex以前是軍中的輔導長，芊伊曾是醫院的護理師，夫妻倆雖然工作穩定，收入也不錯，但工作性質需要時常待命。經過短暫的轉職，為了存錢，兩人決定到澳洲打工度假。

創造「伊莪甸」品牌的年輕夫妻檔。

回憶起澳洲生活，Alex覺得如魚得水。「澳洲人的生活就是很自在，工作後的時間就留給家人，或親近大自然，不像華人急著累積財富。這讓我覺得找到生活的另一條路。」兩人在打工遷徙的途中，也發現許多澳洲家庭都擁有自己的小農地，用來種菜或養一些牲口，過著半自給生活，因此對農業有一些嚮往。

打工結束後，芊伊和Alex再也回不去隨時待命的職業，想找一份可以一起做的工作。在芊伊的父親介紹下，他們參觀了一座自然農法的農場。

廣義的自然農法就是指順應自然環境的耕種方式，作物種植在天然環境中，讓養分、細菌和各種生物在土壤裡作用，成為營養的基底。因為在野外生存，作物往往內化出生猛、多層次的風味。農夫則需要隨時觀察土壤狀況，了解生物間共生和競爭的關係。看似無為，卻處處充滿精心的安排。

「他們自己種菜，農場裡還有許多動物，都讓我想到澳洲的風景。」芊伊說。多少是受到對澳洲記憶的召喚，兩人被農場的生活步調和理念吸引，於是向農場主人學習耕作，正式以務農維生。

務農的現實與轉折

務農的生活是很緊湊的，在農務繁忙時，兩人凌晨三、四點就得進田，中午小憩之後又繼續耕作，至少要在田裡忙到晚上七點。從田地返家後，還需要整理商品、做果醬和送貨。多雷陣雨的夏日，每次大雨後，兩人就必須立刻外出防治害蟲。為了照看作物，幾乎全年無休，連約會看場電影都成了奢侈，甚至務農的第一年就花光了創業基金。

「要向親戚借錢真的很難熬，但當時真的快過不下去了。」兩人回憶起那時的困境，田地的租金、搭棚架、蓋雞社、農耕機等樣樣都需要錢，收成狀況不甚理想，更是雪上加霜。這樣的景況在第二年農場內開始養雞才開始改善。

伊莪甸採用放養的方式養雞，並餵食健康的飼料。棕色的雞隻，羽毛都閃閃發亮，眼神充滿了生氣，和圈養的雞完全是不同的氣質。雞會在蛋箱內下蛋，採集也相對輕鬆。伊莪甸賣的雞蛋都是前日或當日的新鮮蛋，另外也販售少量的滴雞精、真空包裝的電宰雞肉。

料理雞肉與雞蛋

真空包的雞肉，購買一包約是半隻雞的份量。有機肉品售價比較高，看起來白白淨淨的雞肉外表並無稀奇之處。照芊伊的建議，簡單熬了香菇雞湯，想不到熬出的雞湯鮮甜純淨，令我驚豔不已。

新鮮雞蛋充滿營養，攤位上販售的雞蛋一盒十二顆，一百五十元，有客人嫌貴，但重視養生的客群卻是人手一盒。新鮮的雞蛋會有兩圈蛋白，蛋黃有韌性，甚至將整顆蛋黃拿起，用手輕捏都不會破碎。這樣的雞蛋不管做成什麼料理都很好吃，最推薦的方式是不要煮到全熟的烹調方法，例如做成蛋蜜汁、溏心蛋或是半熟煎蛋，可以保留蛋黃的鮮味。

台灣人有進補的習慣，高單價的滴雞精在市場意外地熱門，似乎是因為近年冬天空氣汙染太嚴重，許多孩子過敏發作，所以家長紛紛購買雞精給孩子增強免疫力。

經營總在變動中

二〇一八夏天的一場強颱，吹垮伊莪甸在白河田間的雞舍和棚架，兩人也因此搬至東山，這次搬遷也讓他們在新的社區中認識了許多理念相同的小農，這些小農大多專注在生產，而芊伊和Alex專注於跑市場，正好形成了互助合作的網絡，透過與小農的聯盟提供客人更多元的產品。

原本看似出於無奈的搬遷，居然意外成為伊莪甸經營的另一個轉捩點，稍有空閒的兩人，也開始打造讓人可以接觸大自然和放鬆身心的觀光農場。

澳洲是芊伊和Alex由一連串的轉折、追尋和巧合才尋得的精神原鄉，引

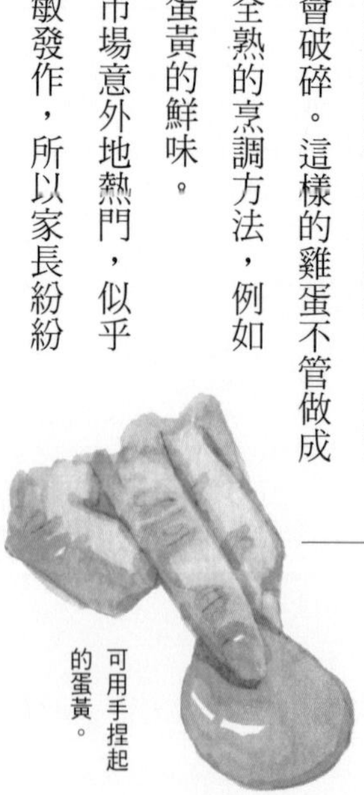

可用手捏起的蛋黃。

領他們走到今天。我想像的精神原鄉是一種「得之我幸，不得之我命」的存在，就像家鄉一樣，一個人可以說出家鄉的好，待著卻不見得全然舒適，總是要有所比較，去闖過一回，心裡才會逐漸踏實。

由收入穩定的軍人和護理師，選擇做一名青年農夫，許多人喜歡傳頌這樣的旅程，就像讚嘆故事裡帶著寶物凱旋歸來的英雄。而在真實生活中，青年們選擇轉職務農後，和一般工作一樣，會面臨更多選擇，且伴隨永遠循環著的微微不適。如同夏天瘋狂繁殖的昆蟲不會消失，每一次更換農地都有陣痛期，但我想在土地上、被自然包圍時所體悟到的感受，應該能讓我們更像個人類吧。

伊莪甸

營業方式：目前無固定攤位，可透過臉書「伊莪甸」粉絲團訂購

楊阿錦內睡衣店

我心中的摩登女郎

水仙宮附近曾是佛頭港，清朝時是進口杉木的港口，所以周遭專做棺木、喪事用品的商家也很多。一九六〇年代，這裡還有零星的木材行，也有化工行、診所等，是相當複合的商店區。現在則聚集了許多成衣攤販，也有賣蟑螂螞蟻藥、家用五金的流動攤位，像「楊阿錦內睡衣店」這樣固定營業了四十年的攤位，算是屈指可數了。

市場裡私密的一角

近端午時節，菜市場內的熱度可以把人蒸出一桶汗，阿錦姨的先生坐在大電扇前午睡，阿錦姨則是蹲在一排內衣下方吃麵。她留著齊下巴的棕髮，長瀏海向右分邊，以小黑夾整齊地夾著，兩道柳葉眉是紋上去的，長過眼尾，深邃的眼皮上搽了一層薄薄的金屬色眼影，看起來遠比實際年齡年輕。

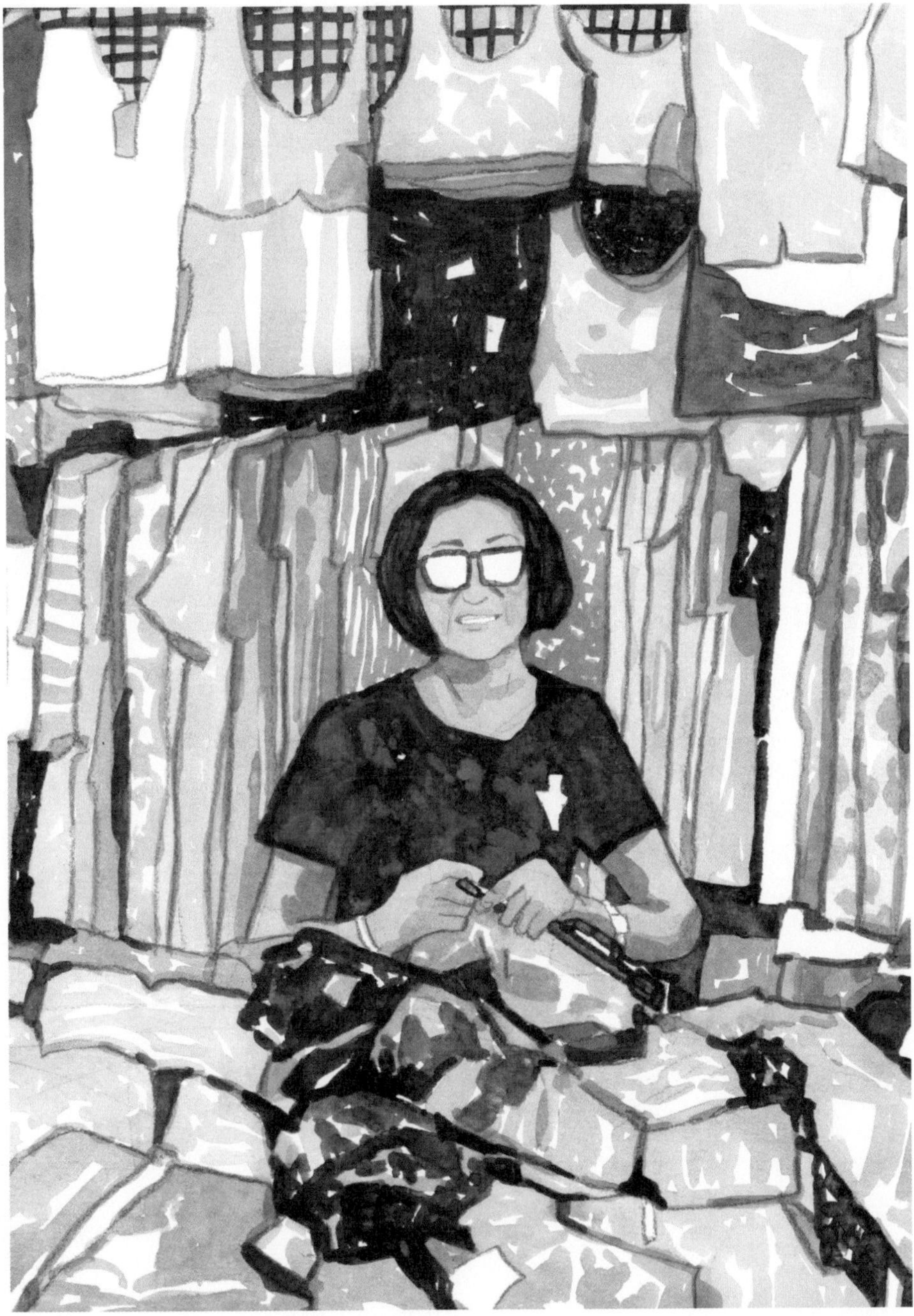

老闆背後是式樣繁多的內睡衣。

相較於周邊的成衣攤販大剌剌地占據市場通道兩側，楊阿錦內睡衣店安靜地座落在半開放式的攤位內，台面上擺滿了各種顏色的內衣，看上去有點像是一勺勺的冰淇淋，牆上的空間當然也不能浪費，掛滿各種樣式和圖案的睡衣。

雖然店內也有販售男性內褲、睡衣，但這個空間還是屬於女性的，已經不知道是第幾次在店內碰到要幫媽媽、婆婆、爸爸、公公、先生買睡衣的婦女。這種私密又細瑣的事情，大部分還是落到家中女性身上。

阿錦姨的賣衫人生

阿錦姨誕生那年，約是二次世界大戰結束的時候，少女時期的她在阿姨的百貨店打工，後來又在蜜絲佛陀專賣店當店員。我可以想像年輕的她，穿著崔姬款式迷你洋裝的模樣。愛美的阿錦姨一直很喜歡那份工作，是她稱之「我做小姐的時候」的一段快樂時光。

阿錦姨婚後逢台灣輕工業成熟期，她和她先生經營了小型的成衣工廠。或許是夫妻檔太推誠待物，他們被許多合作夥伴賴帳，周轉下為了銷掉工廠的存貨，兩人開始上街擺攤。那時他們連摩托車都沒有，所以要帶著大包、小包的成衣，坐公車到台南市各地的夜市。

說是夜市，不如台語說的「商展」比較貼切，十幾個流動攤商，固定在某個時間、某個地點聚集在一起吸引人潮。叫賣之外，還要躲避警察開單。

工廠歇業後，阿錦姨向認識的廠商批貨，持續著擺地攤的生活。她懷著小女兒時，家裡終於有了第一部摩托車，腳踏墊上站著兒子，先生騎著車，她挺著孕肚坐在後座，一家人穿梭在夜市之間，阿錦姨的大肚頂著先生的背，左右手各拿著一大袋成衣，小心翼翼地維持身體平衡。

到了夜市以後，她一腳跨下摩托車坐墊，開始和先生一起叫賣。那是台灣經濟起飛的年代，她腳下那條路燈照亮的馬路彷彿一條滾著紙鈔的河流。

「現代人的消費力跟以前比，真的差多了。以前擺攤的時候，台灣經濟很好，一件一千多元的睡衣，只要料子夠好，一個晚上還是可以賣出十幾件。現在的客人聽到一件睡衣一千元，根本買不下手。」她感嘆。

內睡衣生意經

四十年前，阿錦姨租下水仙宮的店面，一家人的生活比較穩定了，憑著與廠商多年的合作關係，生意經營也還算順遂。買內睡衣的客人大多是女性，阿錦理所當然成為店內的門面，先生則成為幕後的推手，每天載她上下班，幫忙運送貨品和整理貨架。

阿錦姨在水仙宮開業時，上菜市場消費的民眾還是實用取向，尤其是穿在外衣下的貼身物，只要價格夠便宜，連工廠車破的內衣內褲也有人買。剛開業時店內販售的都是台灣製的內睡衣，像是ＹＧ天鵝內衣、宜而爽、一王美、大全美、仙嬿、鐵漢。這些陪伴台灣人長大的品牌，都可以在阿錦姨的店裡買到。

兒女都已經事業有成，阿錦姨現在做生意已經沒有生計的壓力，只是喜歡經濟自主獨立的感覺。我很喜歡阿錦姨談論生意經時自信的神情，讓我對那個世代的女性充滿更多敬意。

這間店是阿錦姨的小天地。

多年來，阿錦姨不變的行程就是到工廠或盤商看樣品。做生意已經超過半世紀的她對自己的眼光很有信心，能進到店裡的商品，都已經先篩選了一輪。比起要怎麼用貼身衣物形塑出完美的體態，相較下，阿錦姨銷售時更專注於產品的細節、舒適度，以及內衣是否適合穿著者的身形，之中有不少我覺得年輕人也會喜歡的商品。

生命細瑣的故事

在市場開店那麼久了，阿錦姨擁有許多熟客，很多客人來採購時是從家中小孩穿的內褲到老人穿的睡衣一次購齊，其中當然也有許多故事。

一位穿綠色絲質洋裝的客人來店中找給婆婆穿的睡褲，那類的睡褲使用涼布縫製而成，布面皺皺的，印有歐式花卉的圖案，大約是八分褲的長度。這位客人告訴我們，她的婆婆已經九十五歲，某個時間點開始拒買、拒穿新衣服，靜靜地等待死亡。我心想，或許那也是一種不錯的狀態。

阿錦姨在水仙宮日復一日開店，她說以前的事幾乎都要忘光了，彷彿那些不值得一提，似乎也未曾想過自己是打造台灣經濟奇蹟的一分子。我則認為美麗與堅強不應該是女性二擇一的命題，很想告訴阿錦姨，她是很了不起的女性。

楊阿錦內睡衣店

營業時間：週二至週日09:00-12:30

地址：台南市中西區普濟街38號

市場散策

到水仙宮市場採購海鮮

水仙宮市場是台南高檔海鮮的集散地，不少餐廳老闆也是常客。除了台南人非常喜歡的虱目魚外，也有幾攤專門賣高檔烏魚子、土魠魚、螃蟹的攤位。雖然不是百分之百，但販賣海鮮的老攤位似乎都靠民權路一側；當然，市場內也有許多急起直追的後起之秀。

相較於菜攤、肉攤，海鮮攤商上比較常見到年輕的身影，早上五點就有不少攤販在市場中準備，即使只是三坪不到的小攤子，一天備貨的數量也需要動員三、四位員工。

海鮮攤的幫手往往先到市場刮魚鱗，老闆們則熟練地用三角小魚刀去魚鱗，接著將魚剖半，去除內臟和血塊，再將處理好的魚切成片、魚頭剖開；若是尺寸較大的魚，還有去除魚鰭的步驟。

我對挑選海鮮並不在行，多是詢問長輩所得的知識。好比魚身在死後逐漸僵硬，放更久則會開始軟化，若不是買活魚，建議挑選觸感硬且無異味的。魚的眼睛、肚子、魚鰓也是觀察的重點，新鮮的魚眼睛清澈，鰓呈現鮮紅或暗紅色；若是已經切片的魚，也可以觀察魚骨關節處的顏色，若呈現豬肝色或黯淡無光，大概就是已經放置一陣子。遠洋進口的魚，魚鰓和

海鮮攤上總有一位處理鮮魚的高手。

切口的色澤通常就會比較深，但若冷凍時機得宜，維持新鮮度，其實冷凍魚也未必不好。

購買魚類時，若需要用手觸摸，必須先詢問攤位老闆，大部分的老闆不會拒絕，甚至會在攤上備一盆水供客人洗手。不過這些特徵並不是不能造假，找信賴的攤商，不要貪小便宜，才是避免吃虧的上策。

虱目魚

台南人極愛虱目魚，尤其是虱目魚煮成的魚湯。北漂念大學時才發現原來不是每個城市都有那麼多魚湯店，而在台南，魚湯店的基本款就是虱目魚湯，又可分魚皮、魚肚、魚肉湯，厲害的店家還備有自己的小菜。一碗湯、一碗魚鬆飯，再加上兩道小菜，就成為家常的一餐。這樣的飲食習慣也反映到市場中，水仙宮市場有好幾攤賣虱目魚的攤位。

市場內「黃家虱目魚」、「蘇家虱目魚」、「阿益虱目魚」等都有自己的魚塭，每日供應大量新鮮的虱目魚。這幾間攤商都是每日清晨在市場打頭陣的魚攤，天色剛亮就在市場內開始工作。虱目魚真的很好吃，但是

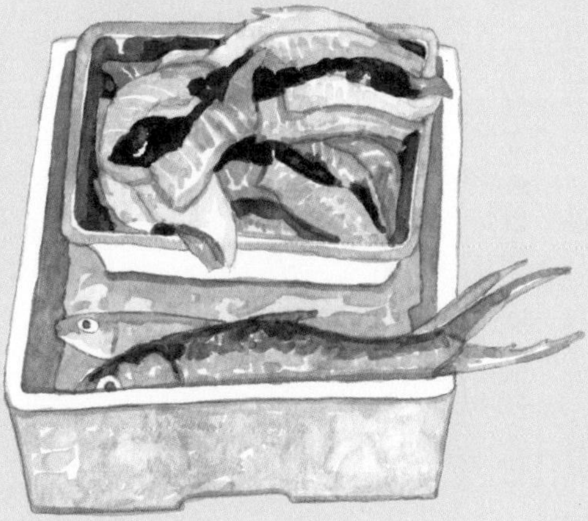

待處理的虱目魚和虱目魚肚。

處理魚刺的過程相當煩人，除好魚刺之後，店家也會因應不同的料理方式處理魚肉，將不同部位的魚肉分類。雖然魚湯店全天候都喝得到鮮魚湯，但還是早上比較容易遇到新鮮貨。

魚肚切片、去除魚刺後可以香煎或煮湯，魚頭大多用在煮湯，和味噌湯底特別搭，魚柳條則是最方便料理的選項，也是健身人士的最愛。

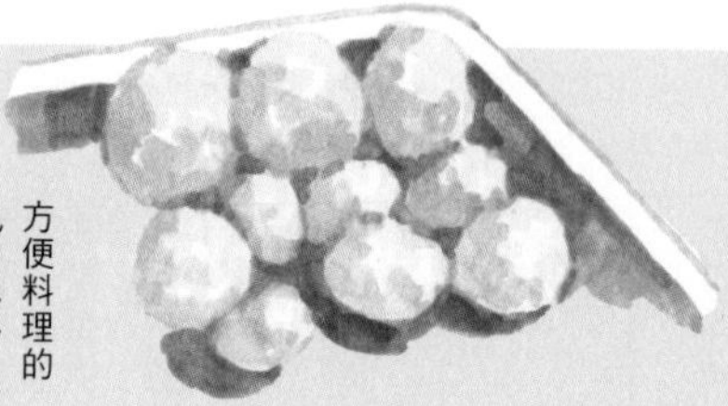

方便料理的虱目魚丸。

如果嫌料理魚肉太麻煩，這些賣虱目魚的攤位通常也販售自己打的虱目魚丸，半斤（三百公克）大概是五十元左右的價格，份量就夠兩人吃上一個禮拜，價格也比超市的魚丸便宜很多。虱目魚的價格不貴，又可以依照部位選購，料理起來相對簡單；對於海鮮愛好者來說，是相當親民的入門魚款。

烏魚子

烏魚子是另一項台南人很喜歡的高檔海味，一些老社區的高級雜貨店內若有賣洋酒，多半也會賣烏魚子，大概是送禮常用吧。烈酒加上烏魚子確實是很棒的組合，但或許是老店凋零，又或者飲食習慣改變，現在這類店家逐漸少了，要買烏魚子還是得到市場，才有比較多選擇。

捕獲烏魚後會將卵巢挖出，魚卵挖出之後的魚身稱作「烏魚殼」，魚卵巢則會進行壓製、抹鹽、日曬等步驟，不少漁村的村民目前還是使用這樣的方式製作自家食用的烏魚子。烏魚經過台灣海峽的季節是秋天，天氣愈冷愈美味，經過日曬的烏魚子可以

久放，所以一年四季都可以在市場買到真空包裝的烏魚子。

民權路這側有兩間烏魚子的老攤販，「友津」、「全家福」都販售真空包裝的野生烏魚子，特別的是這兩間店都有代客真空包裝的服務，不管是在攤位上買的海鮮，或是在別處購入的食材，都可請老闆做真空包裝，

民權路一側有許多烏魚子和高檔海產的攤位。

依照包裝尺寸收費，約是台幣十元到五十元不等。如果對魚腥味很介意的人，真空包裝會是不錯的選擇。賣烏魚子的攤位通常也買得到高級的螃蟹、蝦子、鰻魚等食材，如果要宴客或犒賞自己時，可以來這裡逛逛。

一片二兩（約七十五克）的烏魚子大概是台幣三百五十元，攤位上也販售一包包烤好的一口烏魚子，一口烏魚子大多是圖個方便，還是買整片的烏魚子回家料理比較環保、實惠。好吃的烏魚子烘烤完之後外硬內軟，口感綿密且帶著海魚的鮮味。

料理烏魚子時，先將烏魚子去膜，在平底鍋內淋上米酒，用小火慢煎的方式加熱，再切片擺盤。佐料多選脆口的，喜食烏魚子的人又可分成「蘋果派」、「白蘿蔔派」，將蘋果或白蘿蔔切片後，與大蔥和烏魚子串起，是年夜飯的必備品項。

各類海魚

市場內有些魚攤有自己的漁船，像是「國霖」、「國進」、「阿濱」的漁獲就是自己出海捕撈的，但這些攤子開工早，收攤早，也不一定會天天開業。

安平漁港的漁獲平日大約是早上六、七點送到水仙宮市場，小一點的攤位大多以兩、三樣海魚為主要商品，較大的攤位除了賣海魚，也會賣明蝦、鮭魚、烏賊等等，看起來相當豐盛。其實不管是由漁港進貨或是自行捕撈，市場內的海產品質都相當新鮮，可以選擇看起來舒爽、衛生的攤位，像是靠民權路的「蘇海

個頭不小的明蝦。

產」，或是靠海安路的「黃海產」，店面都整理得頗為乾淨整齊。

市場的海魚不僅新鮮，更棒的是可以聽到老闆第一手的資訊分享。漁獲搬進攤位後，老闆會先去除鱗片，客人決定購買後再做簡單的處理，例如幫忙去除魚腸、血塊等，也會提供一些簡易的料理說明。

比起其他肉類，處理魚類更需要技巧。而說來汗顏，魚市場裡出現的魚我只認得出幾種，而且也不太會處理魚肉，但是老闆「因材施教」，直接幫我把魚類分為兩類，一類是「適合清蒸」，另一類則「適合油煎」，順便教我怎麼把魚煎得「恰恰」（微焦的樣子）。這般熱情應援，好像讓我稍微對做魚料理有了多一點的信心。

白鯧魚。

關於吃魚這件事，很多學問是從市場中學來的。如果你和我一樣不常上市場買魚肉海鮮，應該同是魚臉盲患者；即使是市場老手，被不肖廠商以不同魚種魚目混珠的情形也不乏聽聞。追根究柢，就是我們對海洋生態的認識不足吧，由採購食物切入海洋環境，或許是另一個可以展開探究的議題。

而台灣四面環海，各個縣市都不乏厲害的海鮮攤，只吃超市的冷凍魚太可惜了。走一趟市場，實際感受從產地到餐桌的新鮮實惠，那是值得跨出的一步。

市場散策

信步到永樂市場

延著水仙宮兩側的小巷走，還可以到達「永樂市場」。與水仙宮市場僅以一條街相隔，彼方是一個以民生需求為主的綜合市場，而這裡已成為遊客朝聖的小吃一級戰場。小卷米粉、砂鍋魚頭、魚湯、鍋燒意麵、滷麵、碗粿、割包等，能在這樣的激戰區生存下來的攤位，都有其獨特的魅力。

市場小吃

帶朋友吃到永樂市場吃小吃，為了避開人群，一定要早早出門，先到「葉家小卷米粉」吃早餐，再外帶一杯「杜馬」青草茶。若要吃「富盛號」的碗粿通常是外帶的，不過比起碗粿，我更喜歡附近「七誠」的煎米粿。餐後可到南沙宮附近逛逛，有幾攤頗有歷史的水果行和老雜貨店，南沙宮本身也是相當有特色的廟宇。

今昔光景

回溯永樂市場的過去，這裡的舊稱是「賊仔市」。早在日治時期，這一帶有許多販售二手物品的攤販聚集，戰後的年代更常有小偷在這裡銷售贓物。客人們來賊仔市挑二手貨，走累了就花一塊錢買門票，坐在「阿肥講古場」的竹椅上聽說書，配上點心、香茶，或許這就是過往來永樂市場的行程。

一九六三年，政府在火災後，預計將賊仔市改建為兩層樓水泥建築的綜合市場。但因施工品質不如預期、工程糾紛、完工後的建築空間不符合攤商需求等原因，改建案歷時二十餘年才正式落幕。一樓空間打通當店舖使用，二樓則為住家或倉庫，是現在永樂市場的模樣。

拾級而上

進入現在的永樂市場建築物內，一樓永遠熱鬧滾滾。走上靜謐的二樓，整齊的木門間突然出現一間小廟，是為「南聖堂」，供奉黃府千歲、閻羅天子、包公。還有一群香港人經營的「秘氏咖啡館」進駐樓上，以香港九龍寨城為設計裝潢參考。二樓同時也是許多人的住家，起居空間不大，走廊兩側有公用的衛浴。拼接感成為我心中對永樂市場最鮮明的印象。

台南的地景變化相當快速，在這個意外被保留下來的空間，讓我更震撼於城市這幾年的改變和人們的來去。在這裡，可以同時看到西街雪白的教堂與火紅色的南沙宮，老牌傳統小吃與歐洲炸魚薯條，還有店面穿著時髦的用餐客人和市場建築物內打赤膊的工人。那是台南歲月的痕跡，而若造訪此地，也請務必尊重住戶的隱私和生活環境。

永樂市場樓上，椅子透露出舊日情懷。

永樂市場

營業時間：週一至週日08:00-19:00

地址：台南市中西區國華街三段123號

攤位類型：熟食、點心、飲料、甜點

一斤20元
一斤12元

鴨母寮市場

柔軟的菜市場

雖然有一個凶巴巴的名字，但鴨母寮市場一直是個質樸、庶民的場所。這裡沒有英文菜單，不做文化觀光，一直掌握著自己的步調，人們依舊在街邊你來我往地殺價。

「鴨母寮公有零售市場」連接著裕民街的「一筆民有市場」，因此常被當作同一個市場，事實上只有有鐵皮屋頂區才是鴨母寮公有零售市場。不過一般居民說到鴨母寮市場，幾乎都泛指由成功路、忠義路、長北街、裕民街圍繞而成的區域。若論市場歷史，鴨母寮也是台南的百年菜市。

百年身世

台南城外曾有載運商貨的五條港水道，城內則是提供民生用水的德慶溪。在清領時期，三老爺宮前就有菜市場的聚落，拜溪水所賜，市場附近有一座養鴨的大埤塘，居民慣稱此地為鴨母寮。

鴨母寮附近攤商回憶，三、四十年前，現在「天下飯店」的後方還有養鴨人家，「阿婆布丁」的老闆則提到過去沿著市場的房子都是竹篙厝，九二一地震後才改為現在的水泥建築。但現在的鴨母寮市場除了名字，已經找不到過往的蛛絲馬跡了。

日治時代，零售市場納入官方管理，繼西市場、東菜市後，鴨母寮市場成為台南第三個公有市場，名為「明治分市場」。戰後國民政府來台，改其名為「光復市

場」，直到二〇〇七年才因居民爭取，復名為「鴨母寮公有零售市場」。

浴火重生

一九八五年，鴨母寮市場曾遭祝融，猛烈的火焰蔓延在囤積的貨物之間，狀況一度非常危急。大火將鴨母寮燒得一片焦黑，攤商們協議之後，決定分攤修復費用，市場才得以繼續營業。

然而火災的影響，再加上菜市場人流減少，造成原本許多開設在鴨母寮的小吃店紛紛轉移陣地。原本典型的日式市場雙層建築，也因火災後完全拆除，成為今天的樣貌。

重整的鴨母寮市場鋪上容易清潔的水泥地板，通風和採光都相當良好，而一筆民有市場因屬於私人土地，並沒有納入整頓的範圍內，看得出過往市場並沒那麼衛生明亮。

庶民的場所

雖然有一個凶巴巴的名字，鴨母寮市場給我的感覺卻是質樸而柔軟的，這裡一直是屬於庶民的場所。當西市場推廣英文菜單的時候，鴨母寮市場老

C.W. Lee 2018
旗魚焿 35
蝦仁肉圓 35

神在地繼續賣著可能連中文菜單都沒有的小吃；當東菜市得意洋洋說客人都不殺價的時候，鴨母寮的老闆與客人可以為了一顆柚子殺價往來吵翻天；當水仙宮市場力拚文化觀光的時候，坐落在赤崁樓附近的鴨母寮卻靜觀其變。因為一直掌握著自己的步調，鴨母寮成為一個平易近人的菜市場。

裕民街、長北街因為是開放空間，天氣若不太熱，逛起來是滿舒服的。裕民街上流動攤位很多，防彈咖啡、運動服、運動內衣、護具等，當前流行什麼，攤位就賣什麼。每次看到為了做生意而將內衣、內褲外穿的老闆們，只有滿滿的敬佩。老闆們的叫賣特別有力，在小攤位上即席發揮各種台詞與姿勢，不管賣的是什麼樣的商品，都令人感到折服。

走訪鴨母寮市場，也可以安排半天行程探訪德慶溪的舊水道遺址，參訪周邊歷史古蹟。這一帶的古蹟包含赤崁樓（前普羅民遮城）、開基天后宮、三老爺宮、大觀音亭等。即使不注目廟宇，串連這些古蹟的小路也充滿風情，著名的「葡吉麵包店」就在這一帶，可以帶個羅宋麵包邊走邊吃。最近幾年赤崁東街、長北街也有許多特色飲食店。

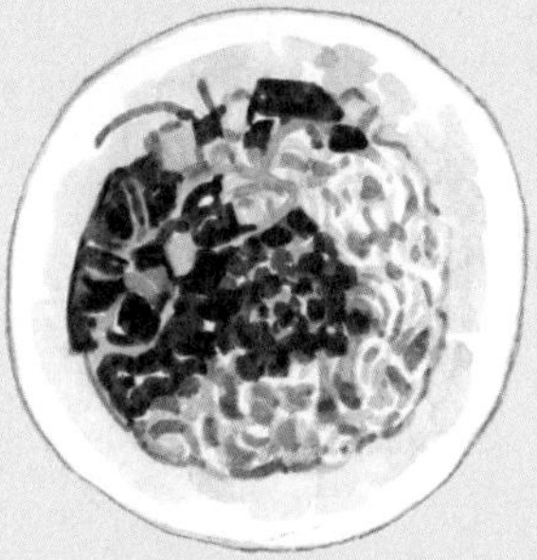

鴨母寮公有零售市場

營業時間：週二至週日早市

地址：台南市北區成功路148號

攤位類型：水產、肉、蔬果、小吃、熟食、成衣、糖果點心

三津製麵豆達人

生活的修行者

到「三津製麵豆達人」吃麵是很有趣的，周邊都是鴨母寮市場老店家，大家在市場聚了大半輩子，時間的腳步彷彿慢下來了。

三津的攤位在豬肉攤和菜攤中間，菜攤的攤主是一對種無毒蔬菜的老農，老先生無聊時坐在台邊，手撐著頭抽菸，快收攤時就躺在台子上睡覺；而老太太則在一旁替蕃薯葉去筋（葉菜上的粗纖維）。攤位上的茄子又皺又小根，葉菜裡都是菜蟲，但是健康、新鮮。三津攤位上的蔬菜，都是向這對老農夫婦買的。

這一切的背景音樂，是三津攤位上那台收音機播出的西洋老歌和八〇年代華語金曲。我們確實喜歡到三津吃麵，因為這裡的麵好吃，世俗的流言蜚語好聽。

在市場裡低調素雅的攤位，客人就坐在攤前吃麵。

市場裡的非典型組合

很多人以為三津的老闆阿宗、阿宏是父子，但其實兩人只差十歲，是透過共同的朋友認識的。

阿宏老闆（勉強地）說阿宗老闆擅長跟客人互動，對環境衛生總一絲不苟，所以負責前台；阿宗老闆（勉強地）說阿宏老闆有鑽研事物的精神，負責產品原料製作。兩人因為一樁未實現的網路商店合作案相識，算是市場的非典型組合。

阿宏老闆來自屏東麟洛，他的媽媽向一位老師傅學製麵技術，並開始自製麵條賣給街坊鄰居，手藝傳到阿宏老闆後才將配方記錄下來，以維持每次出產麵條的品質。

常被誤以為是父子的阿宗老闆和阿宏老闆，兩人都很有幽默感。

因為不願加入削價競爭的市場，婚後的阿宏老闆與妻子離開屏東，選擇在妻子的故鄉彰化製麵。製麵廠主要客群是一般生意攤，已經經營十幾年了，到鴨母寮開店，做熟食和豆花飲品，不過是二〇一九年初的事情。

清新口味的素食選擇

因為兩位老闆都吃素，三津攤位上賣的是全素的菜色，但又擺脫了許多素食希望吃起來（或看起來）像葷食的窠臼，更專注於營造氣味和口感。三津的麵條、麵疙瘩、豆漿、拌醬、辣椒醬都是自己製的，醬料使用大量香草、中藥、蔬菜，帶來清新又有趣的味覺體驗。

當然，食材也得經過挑選，除了考慮來源是否安全，也要看是否能搭配出大眾喜歡的口味。店裡的一項招牌是「羅勒皮蛋涼麵」，特製的醬料以皮蛋為主角，加上羅勒和其他香草攪拌後製成。使用車城的有機皮蛋，所以不腥不臭，再揉合香草的味道，許多不敢吃皮蛋的人都可以接受。

「我自己也不太喜歡吃皮蛋啦，」阿宏老闆說：「不過我覺得研發過程是很順利的。有時候你心裡先想一個藍圖，很多想法、資源就會慢慢靠過來，一切就自然而然地發生了。」

豆花也是店內的主打商品之一，老闆實驗許久才掌握了最佳豆、水比例，頗有研發精神。這也是我們每回造訪三津必買的點心，在家中享用，加上帶果渣的冰糖檸檬醬，夏天吃來更是消暑。

轉業的因緣

當我得知吃素的阿宏老闆曾經從事屠宰業十幾年時，心裡覺得很震驚，畢竟屠宰工作與素食餐廳之間的差異實在太大了，但是阿宏老闆說只是時間到了而已。有一天他突然再也無法吃肉，屠宰場的工作也不太如人意，就這樣投入了素食料理的領域。後來一路走到製麵、賣麵，他輕描淡寫地說這是因緣，存善念，事情自然行得順。

未來，兩位老闆還想嘗試文創商品，與不同領域的人跨界合作。他們雖然不是土生土長的台南人，但為了開店，已經把不少在地的人、事、物都摸透了。

中年創業的修行

中年創業不像一般老店有傳承的重擔，也不像一般青年創業那樣熱血奔騰。「每個人當然都有夢想，但是不是每個人都有那樣的資本呢？」老闆們如此說。開店不是靠興趣，也不為了傳承；每日做出美味的食物，將攤位打掃乾淨，好好面對每一位客人，是態度，也是日常修行。

今日的鴨母寮熱鬧依舊，馬路那頭傳來車水馬龍的聲音，隔壁飲食店的外場人員扯開喉嚨點菜，鐵皮屋頂下的市場急躁而熱氣蒸騰，唯獨阿宗老闆在店裡放著他喜歡的西洋老歌和華語金曲，曲調軟綿綿的。攤前有些生面孔，還有一些和我們一樣被三津「俘虜」的人。

攤位上掛了一幅優美的佛手圖，菜單下方寫著「出外人有困難沒關係，我們提供免費早餐，希望改日您有能力時記得幫助別人」，旁邊是一張貼得歪歪的、有點俏皮的釋迦牟尼佛像。

儘管拜訪數次，我總覺得老闆們還有很多未說出口的故事。人們喜歡聽尋夢冒險的經歷，但菜市場裡更多的是務實的勇氣和磨去銳角的智慧，在兩位老闆身上或許還多了一份慈悲。他們經過打磨後的靈魂，以恰到好處的姿態回應生命的無常，雖然三津的攤位並不大，但無疑是市場溫暖的縮影。

三津製麵豆達人

營業時間：週二至週日08:00-13:00

地址：鴨母寮公有零售市場21號攤位

阿婆布丁

世代交替的甜味記憶

鴨母寮的布丁店原本是沒有名字的，因為一些網路名人寫了試吃文章，才被含含糊糊地冠上「阿婆布丁」的稱號。其實吃下布丁後，可以看到容器底部寫著「文森布丁」字樣，原來「文森」才是鴨母寮布丁的正名。

得名阿婆布丁，是因為看店的老頭家是一位婆婆，婆婆有個可愛的小名叫阿娃，在攤位上幫忙的還有阿娃婆婆的兒子旭昇和女兒莉萍。店內布丁由阿娃婆婆一家人製作，和許多傳統市場的攤商一樣，這是一個家族企業。

陌生女子帶來的禮物

鴨母寮是台南的百年市場，阿婆布丁的經營者目前是第五代，可能於鴨母寮成立之初就在這裡營業。營業之初的主力商品是自己熬的紅豆泥和花豆泥，紅豆泥大部分拿來做甜湯，一些長輩也會拿來當土司抹醬。店鋪後來又

假日時，布丁早早就被搶購一空。

加入粉粿、湯圓、仙草、愛玉這類冰品配料，阿娃婆婆在十來歲的小女孩時期就在市場幫忙賣點心、招攬生意。總之，創業時的阿婆布丁沒有布丁，沒有阿婆，也沒有商號。

命運真的很神奇，阿婆布丁的緣起竟是一位與這家族素昧平生的中年婦女。「一開始我們家是賣紅豆泥，大概三、四十年前吧，有一位婦人來我們攤位，問說可不可以寄賣布丁。」莉萍說起這段往事。那位婦人的丈夫是一位廚師，被美國的中餐館聘用後，決定先隻身前往，打算安頓妥當後，就要接妻子和六個孩子到美國定居。沒想到出發後音訊全無，婦人絕望地想應該是沒有再團聚的一天了，身邊還有六個孩子要養，才決定做布丁寄賣賺取生活費，這段奇緣也間接促成阿娃婆婆賣布丁的契機。

「因為我們曾接受寄賣布丁，『銀波茶座』在找冰果室當寄賣點的時候，也找到我們。」旭昇說。銀波茶座創立在一九三九年，是台南第一間製作布丁販售的廠商。日治時期，蔗糖是台灣重要的出口產品，也帶動製菓業（甜食產業）的發展；但對台灣人來說，糖仍是昂貴的物資。台南人喜歡吃甜，有一部分也是因為甜味總與富裕和節慶的意象相連。

製作傳統布丁

因為銀波布丁的生意很不錯，阿娃婆婆的弟弟想到應該也可以自己研究配方，他原本經營粥品生意，對吃很有一套，家中也有大廚房可以製作布丁。因此在結束與銀波的合作後，一家人正式開始製作手工布丁，如今店內賣布丁的歷史也已超過三十年。

週末時，店內平均賣上一千顆小布丁，製程達六小時，前天晚上製作，隔天送到店內販售。至於人氣商品大布丁，起初是為了外燴和宴客餐廳研發；小布丁大約烤五十分鐘出爐，但是大布丁卻要烤七十分鐘，也比較難成型，所以只能於假日限量提供。

製作傳統布丁時，底部的焦糖是一大重點，如果焦糖煮太久，會有股焦苦味，煮好的焦糖要立刻倒入模具中避免冷卻，再倒入牛奶和雞蛋的混合液，將裝有焦糖和混合液的模具放入盛著水的容器內，在烤箱中隔水加熱。有充分的水氣保護，成品才不會太乾。

台南人記憶中的甜

阿娃婆婆剛開始賣布丁時，客群以來買布丁給小孩吃的媽媽居多，大部分的小孩怕苦味，製作過程中若焦糖燒焦產生苦味，一律會被當作不良品；因而不少年紀較長的顧客，對於古早味布丁的印象就是要「甜」，以及一湯

小杯裝布丁，底部印有「文森布丁」的字樣。

匙舀下時，焦糖汁液必要爽快地噴發。只是現在人口味清淡多了，順應飲食的風潮，阿婆布丁也跟著調整配方。

「之前有一位客人來買布丁，回去之後打電話來罵我們，」莉萍說：「她說我們的焦糖不夠厚，而且也不夠甜，害她買回去給親戚很沒面子。那位客人說，我們是老店，就應該要有堅持，怎麼可以人云亦云改配方呢？她每上門一次就打電話來罵一次。」

說到這位客人，莉萍和旭昇都無奈地搖搖頭。畢竟是做生意，考量大眾的口味，配方是回不去了。或許這位客人對於阿婆布丁有過什麼回憶吧，所以才會如此執著。甜味對老一輩台南人有多重要，這也是個活例子。

從高檔甜食到平價點心

不管大布丁或小布丁，除了單吃之外，也可以買粉粿、湯圓、珍珠等配料，或拌著碎冰一起吃，是類似冰果室的吃法。烤布丁的表皮略略起皺，在底層會有一些細小的氣孔，這些手作的痕跡，讓布丁看起來更加美味，也是材料單純的證明。一匙挖下布丁，切面光澤、柔軟的模樣，更令人期待入口那刻，雞蛋和焦糖香氣混合的口感。

布丁在一九五〇、六〇年代時是很昂貴的點心，但現在阿婆布丁的單顆布丁售價僅十五元。為了生存，旭昇和莉萍在營運成本方面必須計算得很精準。他們曾嘗試開發宅配市場，但發現冷藏食品的運費昂貴外，布丁的運送過程容易碎裂，對商家和客人來說都很麻煩，於是索性不做宅配了，鴨母寮的阿婆布丁成為要來台南才吃得到的美味點心。

「以前的客人都是婆婆媽媽居多，後來有些網紅寫了介紹，所以才又吸引了很多年輕的客人，本地人和觀光客都有。」旭昇靦腆地告訴我。他提到這些網路名人來做了鴨母寮的美食專題報導，甚至幫助整個鴨母寮市場再度興盛。

旭昇和莉萍接手營運後，也開始使用臉書、Line之類的工具，提供客人更便利的服務。目前店內除了布丁之外，也持續販售著自製紅豆泥和冰品配料，快閃商品則會在「弘記美食店」臉書粉絲團上公布。

我一直很著迷微觀歷史和日常歷史，從七十年前物資匱乏的年代，到幾乎什麼都盛產（剩產）的今日，如果不是記下這些吃吃喝喝或對生活的記憶，就像失去血肉的歷史，感受不到過往的富足，也無力看清眼前的匱乏。雖然這一趟是因布丁而來，但意外地對台南飲食有更多了解，這也是上菜市場的一大收穫。

阿婆布丁

營業時間：週二至週日07:00-12:30

地址：台南市北區裕民街3號

阿幸傳統薏仁湯

人情如水，涼湯暖心

「阿幸傳統薏仁湯」已經在鴨母寮開業二十二年，白鐵工作台內歪歪斜斜地堆著紙杯，總在出其不意的地方冒出一張張點菜單。這些大小不一的點單內容雖然類似，但細看又不太一樣。

來一杯隨興！

那日是颱風前夕，烏雲看似就要壓上攤位的遮雨棚，但很多阿姨、叔叔還是悠悠哉哉地騎著摩托車來向阿幸老闆買甜湯。

天氣溼熱，薏仁湯、青草茶的銷路特別好，許多人是一罐一罐地帶，有些客人也不坐椅子，而是率性地坐在桌上，稀里呼嚕地喝完一杯薏仁湯，再外帶一罐飲品回家。

可愛隨和的阿幸老闆。

「我們很彈性啦，客人說要搭配什麼，我們都盡量配合。」阿幸老闆不好意思地笑一笑，告訴我：「所以有沒有菜單，好像也不是很重要。」一頭短髮、眼睛圓圓的她，人很隨和地拉了張圓凳，讓我們在攤位旁坐下，還請我們喝了一杯拾穀湯。

慢工出細活的熬煮過程

什麼樣的廚師就會做出什麼樣的料理，阿幸老闆煮的甜湯，給人「實在」的印象。一杯拾穀湯裡有紅豆、薏仁、蕃薯、紫米、銀耳。薏仁裹著湯汁，乳白色中帶點青青的光澤，口感彈牙；銀耳的顏色很美，宛若海洋裡的珊瑚；煮透的蕃薯有著甜蜜的纖維，其他每樣料都也都熬得恰到好處。各種顏色在盛夏的一杯中綻放，微甜而清涼，似乎去除體內的烏煙瘴氣。

若客人不特別備註，阿幸老闆遞上的都是不額外加糖的甜湯，靠紅棗、紅豆、蕃薯帶入甜味，所以特別解渴。如果喜歡喝甜一點，也有加冰糖的版本。阿幸老闆說煮豆子若加糖，豆子不會熟，但其他配料都是在熬煮過程中就加冰糖慢慢入味的。

為求衛生，所有配料熬煮都是在阿幸老闆自家廚房進行，他們家為此添購了四座瓦斯爐，同時加裝兩座抽風機，確保自己不會在廚房被熱氣悶到暈

招牌薏仁湯。

過去。每天凌晨兩點半，阿幸老闆的先生會起床熬料，紅豆、蕃薯、木耳、黑豆、紫米等，各種食料熬起來也要等上四個小時。

市場開市前，阿幸老闆夫婦將桶裝配料堆到推車上，以手推車送到市場。因為阿幸老闆對食療有興趣，商品所使用的原料都要求大盤商附上無農藥殘留的檢驗報告；她也會上網找資料，研究新的食譜，或跟經營中藥房的姐姐請教配方。細數每道甜湯背後的準備工作，阿幸老闆說完自己備料的過程，恍然一驚後非常誠懇地說：「賣那麼多種東西，我自己都嚇一跳呢！」

口味獨特的養生飲品

除了甜湯外，在阿幸老闆的攤位上還有幾道特別的飲品，青草茶就是攤位上我很喜歡的飲料。每間青草茶店都有自己的獨門祕方，「媽祖宮青草茶」的祕方來自一位中醫師，採用四種新鮮藥草、四種乾藥草熬煮十小時而成。所有藥草都來自阿幸老闆的哥哥，一家人採有機種植，並且以柴燒熬煮。與其他青草茶不同，這帖配方內沒有薄荷，喝起來口感醇厚，更凸顯出清

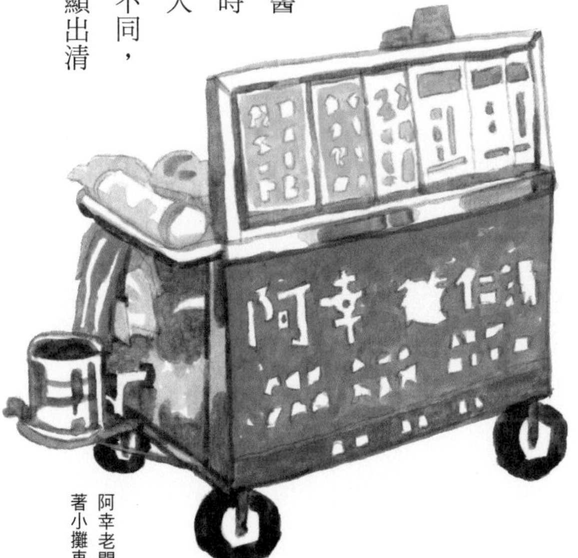

阿幸老闆夫婦每天推著小攤車來市場。

新草香。不僅可以在鴨母寮市場購買，也可以上網訂購。

「柳家秋葵汁」也是在阿幸攤位寄賣的商品，由阿幸老闆小兒子的女友「柳家秋葵農場」提供。秋葵是很營養的食物，但一般來說很難大量攝取，於是柳爸爸才想到要打成果汁；一杯兩百毫升的秋葵汁，大概相當於吃下二十根秋葵。我認為秋葵汁是相當硬蕊的飲料，濃稠的口感或許不是每個人都會喜歡，但亦有死忠粉絲，若加入蜂蜜或黑糖，會是不一樣的調味。

土地公的祝福

二十幾年前，阿幸老闆剛開業的時候，薏仁湯在台灣並不怎麼流行，可是自從吃過婆婆熬煮的薏仁湯後，她就與薏仁「戀愛」了。當年找工作時，隨之浮現的就是賣薏仁湯，但彼時傳統甜湯店真的很少，她還為此向土地公請示。

「我那時啊，就去『連得堂煎餅』旁邊那間土地公廟拜拜，結果土地公託夢，說可以啦，開店好。之後也想過要搬店面，但土地公叫我不要搬。」阿幸老闆不好意思地笑著說：「這個也要記錄嗎？這就是我的一些小事。」近年來報章雜誌鼓吹薏仁和五穀雜糧的營養價值，才有一窩蜂的五穀飲品店，她說自己算是幸運地搶到頭香。

市場人情味

我也不免俗地問起阿幸老闆，會不會擔心市場人潮愈來愈少，年輕人不願意來消費？阿幸老闆想了想，反而一臉憂心地說：「我覺得現在年輕人真的很辛苦，工作時間好長，大家生活負擔都很大。」這個答案雖然不在我預期之中，卻令我覺得很溫暖。市場年輕客群萎縮是很多攤商的感慨，但年輕消費者確實有自己的生活壓力，能在早晨上市場，好整以暇地做一頓飯，何嘗不是一種奢侈？

阿幸老闆總是惦記著別人，常聽她謝謝丈夫、孩子和兄弟姐妹的支持；謝謝常來光顧、閒聊的客人們；當然，她絕不會漏掉當年來夢中指點的土地公伯。二十二年來，每日上工前，她都會到土地公廟拜拜，祈求生意興榮，也祈求家人、客人平安健康。

與阿幸老闆對談，讓我又想起以前思考的問題：市場的「人情味」是什麼？為什麼「人情」以「味」比喻之，莫非是因為不管嗅覺、味覺刺激，都會內化成為我們身體的一部分？在與人相處的日常生活中，我往往不希望因為人情而有所牽絆，但人情味確實為消費帶來更多溫度，而且也是市場網絡重要的一環。

阿幸傳統薏仁湯

營業時間：週二至週日09:00-12:30

地址：台南市北區裕民街41號前的小空地

燕妮鮮花店

與時間競賽的花匠

我在歐洲旅遊的時候，發現當地菜市場大多都有花市區，在春夏兩季，各種顏色的花卉像奇獸一般爭先恐後綻放，彷彿欲逃脫小小的塑膠花盆，將自己安置在客人家中或庭院。在歐洲超市，結帳走道前通常也會有一區擺上少量的花束讓客人選購。

走訪台南菜市場，很少看到群聚的鮮花攤，因此在裕民街口的幾攤鮮花引發了我的好奇心。仔細想想，鴨母寮市場離北區的花卉批發場和市區都不遠，地理位置似乎很適合園藝相關產業，不過在這裡賣花的大多是流動攤販，像「燕妮鮮花店」這樣租下店面營業的，幾乎沒有。

鮮花與麵包

燕妮鮮花店其實沒有正式的名字，因為老闆名字叫燕妮，因且這樣稱

燕妮鮮花店的店面色彩繽紛。

呼。燕妮老闆是一位直爽的女子，說話聲音有些沙啞，笑聲卻很豪邁。這個店面原來是由燕妮老闆的母親經營，母女倆在這裡經營花店加起來已經近四十個年頭。

燕妮老闆的母親在年輕時就以賣花為業，當時他們親戚種植野薑花、劍蘭等，因為雇人摘花要人工錢，因此親戚就隨意開了價，讓燕妮老闆的母親摘去賣。每天，燕妮的母親騎著腳踏車在台南市區賣花，年紀尚小的燕妮帶著弟弟妹妹幫忙編織花串，這是用削得比香的握柄還細的竹子，將花串成環狀，一些老婦人紮起包頭之後，喜歡把花環在包頭上做裝飾。

「那時候也沒想太多，就覺得幫爸媽串花串，家裡可以賺錢，賺了錢就可以買零食吃。」燕妮老闆說。

燕妮老闆的母親覺得流動攤位無法累積客源，有時累了在店家前歇腳，還會被店主要求要付租金，恰巧朋友介紹鴨母寮的騎樓空間，談妥後就決定在這邊開業。燕妮老闆大笑說自己對花一點興趣也沒有，甚至到有點討厭的程度。她的第一份工作是去一般公司上班，但婚後為了找一份可以照顧小孩的工作，才回到店裡幫忙。

花、神、人

燕妮老闆的母親剛經營這間花店時，正逢台灣整體經濟蓬勃發展，當時台灣引進了多款百合花，常見的品種有阿卡波特、馬可波羅、白香水等，這些百合有著高雅幽遠的香氣，許多家境不錯的客人喜歡買回家當擺設，但現在為了居家裝飾買花的人愈來愈少了，而且高檔的百合花在南部價格很差，廠商不願進貨，市場上也就不常見了。

現在來鮮花店的客人大多是因為祭祀需求，以前許多花販天天到市場擺攤，現在只有農曆初一、十五來，或者乾脆直接在廟門口以腳踏車或紙箱擺個簡單的流動攤位。拜拜者，有人是買花奉獻給宮廟神明，有些則是放在自家的神壇，也有宮廟會定期訂購鮮花，請燕妮老闆送貨。

「其實我覺得鬼神可信而不可迷啦！你喜歡的花

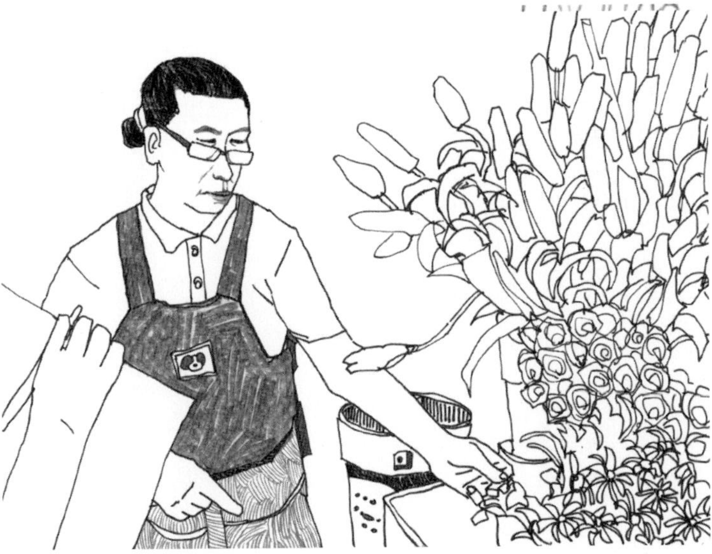

燕妮老闆正在介紹水燭和玫瑰。

束，沒道理菩薩不喜歡啊。」燕妮老闆說出她的理論。大部分的客人對拜拜使用的花束不大挑剔，一切隨個人習慣或是以價格決定，因此燕妮老闆配了幾種價位的花束，客人可以依照價位，現挑現買。當然也可以指定現場的花材，請老闆綁成一捆花束。

一窺花市的經營生態

燕妮鮮花店的店面不大，但進貨的花卻不少，有文心蘭、玫瑰、仙丹花、紫孔雀、水燭、波斯菊、百合、野薑花等。花農往往會先對一些花進行加工，不外乎是要讓顏色或造型更亮眼，像是將白色的菊花染成粉紅色，為了上色均勻，還會用網袋包著花朵；而水燭原本是褐色的，為了讓顏色更突出，也會染成櫻桃色，並且在尖端黏些保麗龍當作裝飾。

花農將花材加工和包裝，賣給農會之後，農會再標售給大盤商。每晚大盤商會載貨到台南的花市，約莫凌晨三點，眾花店老闆就集中在花市挑貨、買貨。花市雖然沒有傳統漁市那樣激烈喊價的場面，但是花店老闆們往往急著買辦，客人與盤商周旋，總讓清晨喧囂了起來。

「不過現在早上花市很冷清了啦，我們大部分都改成晚上

野薑花並不是一般花店常見的品項。

去挑花，隔天再請盤商送貨過來。這樣比較好，不用睡到一半還要起來工作。」燕妮老闆回憶著工作型態。這時，一位清秀斯文的年輕男性來買野薑花，老闆立刻從小凳子上站起身介紹。

「野薑花在那邊。記得喔，要換水，莖要切，才可以放久一點。」燕妮老闆呼喚著。後來我才知道野薑花利潤薄，又凋謝得快，所以一般花販不常進貨，熟客才知道要上哪些店家買。

客人挑了一束還帶著花苞的野薑花，詢問老闆建議後，又挑了一束文心蘭做陪襯。野薑花的花瓣是蝶翅的形狀，顏色是冷冷的白；文心蘭的花瓣約一個指節大，飽和的黃色底色，花蕊處有花豆般的斑點。兩種花的搭配看起來很素雅。

執花剪，與時間競賽

花卉也是一種農產品，不耐放加上到貨品質難預測，因此花卉從進貨、驗貨，到切花、綁花或插花，都是與時間的競賽。為了減低庫存壓力，許多花店的經營都已經改為「先預訂再取貨」的模式，店內放少量樣品，客戶下訂單後花店才叫貨，另外也增加許多非花卉類的商品，像娃偶花束、糖果花束等。但在燕妮鮮花店，除非客人要求使用特殊的花卉，燕妮老闆都盡可能讓客人現選現綁，避免客人看到樣品與實際收到花束時，發現與想像中不同的情況。

燕妮老闆插花、綁花的技巧都是自學的，不僅插花，也接盆栽和花柱的訂單，甚至也製作少量的乾燥花。一把普通的剪刀、一把花剪，還有一綑橡皮筋，就是伴隨她四分之一世紀的生財工具。已駕輕就熟的她，從配色、配花到綁好一束花，不需要五分鐘就能夠完成，一般生手可能要花一倍以上的時間。

「但我現在還是討厭花耶。」燕妮老闆再次強調，說完又是一陣大笑。對花店來說，花開花謝不是詩意，而是現實的挑戰。每一朵花的凋謝，對花農和花販都是虧損。花販夏天勤勞地替盆子換水，處理爛掉的根莖；冬天理花理到手掌龜裂；平常也會遇到繞著虛無感覺和審美觀打轉的奧客，這一切才是真正的花店日常。

「不過我們會的技能也就只有這一項，沒其他路可去啦。我小孩也對這個沒興趣，現在都去食人頭路，領薪水了。」燕妮老闆說著，倒也不覺得有什麼可惜的意味。我想，就連鮮花這麼美的東西，和生計扯在一起，也是令人厭煩的吧。

燕妮鮮花店

營業時間：週二至週日08:00-12:30

地址：台南市北區忠義路三段17號

鴨母聊．亞捷咖啡

鑽進市場的咖啡師

「鴨母聊．亞捷咖啡」位在長北街，是鴨母寮市場的邊緣。每每在菜市場結束採訪，都想找個有冷氣的的地方休息。原本只是抱著吹冷氣的心態進入鴨母聊咖啡，卻發現這是一間有趣的小店。早上九點就開始營業，更符合市場的作息。

市場外緣的寧靜咖啡店

店內燈光昏暗，漆成黛青色和銘黃色的牆壁，搭配深色木紋的展示櫃，纏繞著塑膠藤蔓和綠葉裝飾；置物架上高低錯落的玻璃杯在燈光照射下，發出耀眼的光芒；店內各處裝飾著黑膠唱片的封套，讓氣氛比較像是酒吧，但工作台上的磨豆機、紅銅色細口壺、電子秤、濾杯、毛刷、各種大小杯子，明確宣告這裡是間咖啡店。

正在沖咖啡的瓜瓜店長。

坐在吧台的客人可以看到瓜瓜店長手沖咖啡的身影，瓜瓜專注沖咖啡時，四周似乎連微塵也是靜止的。她在電子秤上放好錐形的玻璃杯，量測咖啡粉，然後將濾杯放上支架。第一輪先用熱水淋溼濾紙，將水倒掉後，均勻地在濾杯中撒入咖啡粉，接著非常平穩地用細口壺往濾杯中注入熱水。

店內總是播著懷舊的旋律，還有一台小小的電視懸在天花板角落，固定播著電影台。店裡的菜單是用CD盒裝的，瓜瓜說每一杯咖啡都有一首歌，點了咖啡的人彷彿也點了代表那杯咖啡的歌曲。她總認為現代人的溝通過於淺薄，希望咖啡就像歌單一樣，可以乘載更多的訊息。菜單裡的歌大部分是西洋老歌，很襯這店裡的裝潢。

店內的靈魂人物——瓜瓜店長

瓜瓜店長大學就讀餐飲科系，接下店長的職務不到一年。

「以前念書的時候，覺得課本裡的咖啡是很固定、很表層的東西，」瓜瓜說：「打工才讓我發現咖啡的深度。這是一門沒有止盡的學問，我很想征服每款咖啡豆。」瓜瓜打工的咖啡廳專研單品咖啡，在工作中，她發現自己對咖啡有興趣，也遇到了鴨母聊咖啡的老闆Jane，以及後來一起合作的設計師夥伴。

瓜瓜的自信，是有那麼點傲氣的。她並不是那種會噓寒問暖的店長，店內的氣氛總是比較像「既然你來了，我們就來說說話吧」那樣，親切但不黏膩。她的存在是平穩的，像是這間咖啡店的房角石。而這般自信和平穩，或許也是老闆Jane願意讓瓜瓜接下店長工作並全權處理店務的原因。

瓜瓜拿出手機給我看以前店內的照片，談不上有什麼裝潢，牆面都是亮黃色的，除了幾個置物櫃，沒有什麼擺設了。由瓜瓜和設計師接手後，兩人做的第一件事情就是先改造環境。為了節省成本，他們到材料行買木板釘成置物架，許多裝飾品也是廢物再利用。店面安置妥當後，瓜瓜花了三個月的時間，重新設計菜單。

單品咖啡與水果咖啡

瓜瓜說身為店長，就是必須考慮各種好壞的現實情況。在設計菜單時，她考慮以往進豆、烘豆的運輸成本，忍痛換掉原本合作許久、在中部工作的烘豆師，改與在台南工作的烘豆師合作。她也觀察了這一帶居民的消費習慣，依此決定菜單的品項。

「我也猶豫是否要只專注在單品咖啡，點單品咖啡的客人，喝的是我手沖的工夫；但如果只做單品，等於排除了一群不喝黑咖啡的客人。所以後來除了拿鐵那類的飲料外，我也設計了水果咖啡。」瓜瓜提到設計菜單時的概念。除了單品咖啡外，最引以為豪的就是她為這間店特製的水果咖啡。

水果咖啡使用義式豆為基底，再搭配上季節水果。不同水果融入咖啡的方式也不同。奶油香蕉以冰滴的方式滴入咖啡中，鳳梨和百香果咖啡則是在咖啡中混入由瓜瓜熬煮的果醬，另外還有柳橙、蘋果、草莓等口味。雖然是水果咖啡，喝的時候並不見得會看到果粒，但可以聞到水果的香氣，也能品嘗到水果的滋味。大部分的水果咖啡冷熱飲皆宜。

店內每一季都會進不同口味基調的豆子，一杯手沖咖啡價位大約在一百元到一百五十元之間。好豆子加上手沖的工夫，這算是實惠的價格。內用手沖熱咖啡，瓜瓜會將咖啡裝在馬克杯中，另外附上一小杯聞香瓶、一小杯用同樣咖啡豆沖出的冰咖啡，客人可以品嘗咖啡豆在不同溫度下的表現，以及嗅聞咖啡粉原始的氣味。就算對這些沒興趣，這樣隆重的擺盤和儀式看來也很賞心悅目。

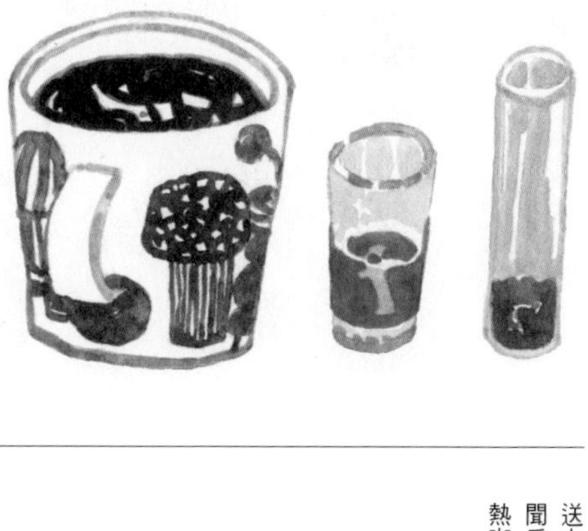

送上桌的咖啡套組：聞香瓶、冷萃咖啡、熱咖啡。

品咖啡，那是生活中的儀式感

第一次喝到好咖啡是同事帶我入門的，那時他帶我到公路天橋下一間其貌不揚的咖啡豆店，巨大的烘豆機在天橋下，店內飄著的咖啡香氣就像與店外世界的結界。老闆娘大方提供好幾輪試喝杯，我驚訝地發現咖啡居然可以甘甜如水，沒有怪異突出的氣味。就在那天，我與二合一咖啡粉的緣分走到了盡頭。

或許是最初對咖啡的體驗，我一直喜歡果酸味的咖啡豆。瓜瓜的手沖咖啡保留了果酸的的口感，整體相當輕盈，不帶苦澀，並且充分保留咖啡清鮮的尾韻。試了花王子咖啡豆，入口時是花果香，但是在口腔沉澱一陣子後，卻帶點木頭和烘焙糕點的香氣，這種微妙的轉變，也要咖啡師細心處理，才能彰

店內販售的罐裝咖啡豆。

顯出來。

瓜瓜說要「征服」咖啡豆，好像咖啡豆是一座山，或一個非常遙遠、難以到達的國度。在這樣的形容中，被征服的往往不是那座山或那遠得要命的國度，而是自己內心的躁動不安。克服之後，方能精準的拿捏重量、溫度、時間，校正出理想的味道。不管手沖咖啡或是喝咖啡，過程都充滿了濃濃的儀式感，清空了日常繁瑣的思緒。

台南不缺咖啡館，但總要慎選才能找到一間可以讓人安靜放鬆的。在鴨母寮市場採買後，到鴨母聊咖啡坐坐，也很適合成為日常的行程。

鴨母聊・亞捷咖啡

營業時間：週一至週日09:00-17:30

地址：台南市北區長北街33號

新玫瑰

西市場

文藝青年聚會所

位於城市邊緣的西市場與布莊，因攤租便宜，吸引許多返鄉創業的年輕商家逐漸入住。一開始他們只能用克難的方式布置店面，但在舊市場裡，看起來格外有氣氛。

二〇一六年時，我和藝術蝦曾經自費出版一本關於西市場的書，多虧了當時那本小書，才有機會延伸菜市場的書寫。再回頭看西市場，此刻的店家已經換了一大半。或許因著懷舊，我總想起當年剛由荒廢中重生的西市場，那是一片種植著返鄉遊子理想的沃土，是一個世代共好的空間。

西市場，蕭條與新生

西市場的全名為「西門市場」，台南人稱「大菜市」，在過去是市區內數一數二的綜合型市場。市場所在的中正路、國華街從日治時期就是劇院、

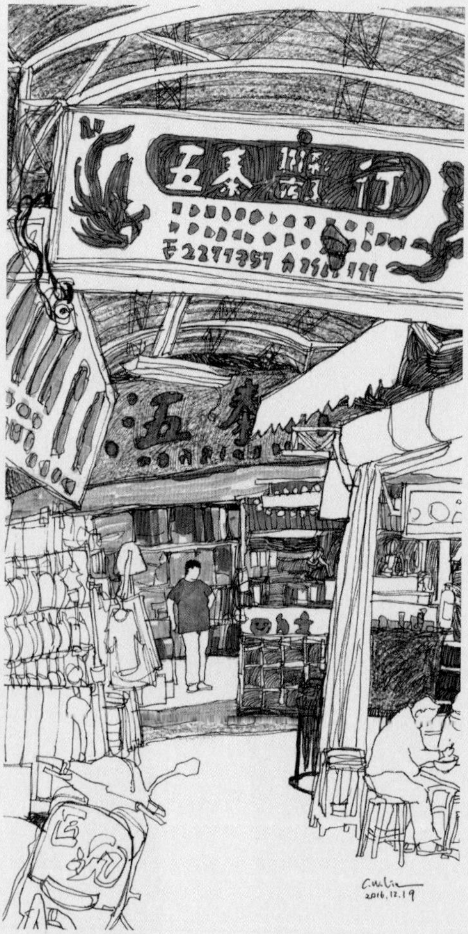

商圈聚集的區域。那些老派約會的日子裡，許多人看完電影就在中正路溜達，走累了就到西市場吃小吃、冰品或點心。原有的建築是香蕉催熟倉庫，附近是農產品、生鮮市場，有關食衣住行的物品都可以在這裡找到。

隨著海安路地下街工程的進行和整體消費風氣的轉變，西市場曾經蕭條一陣子，是城市邊緣神祕寂寥的黑洞，但也因此，這裡攤租便宜，吸引許多返鄉創業的年輕商家入住。一開始他們只用克難的方式布置店面，但在舊市場裡看起來就是格外有氣氛，西市場又漸漸引起媒體的關注。

西市場布莊風華

再往西門路走，就是布莊了。布莊和市場僅以一條走道串連，布莊內是住、店合一的建築形式；一樓當作店面，二樓則為住宅。

西市場曾經是台南人打點外表的重要一站，一九七〇年代前，台南一般人家還不大買成衣，即使是日常便服也會找裁縫師製作。通常會先挑好布料，再到師傅那設計樣式。

西門市場布莊是布料和裁縫配件的集散地，自然地也聚集許多服裝訂製工作室。買布、做衣服都可以在布莊內打點完畢，一些比較「蝦趴」（追求時髦）的學生也會來這裡訂做合身的軍訓裙（卡其色的窄裙）和學生褲。

以千禧年為分水嶺，台灣成衣產業陡然地沒落了，隨著廠商外移，布莊範圍也逐漸縮小，現在的布莊氣氛是很安靜的。而裁縫師的工作室大多在布莊外圍，許多手寫招牌上面留的還是老裁縫師古早的五碼電話號碼。店內的老師傅身上掛著皮尺，圍著大型工作桌來回走，丈量布料尺寸和繪製版型。某位老裁縫師的玻璃窗大大地寫著「男女如何穿出品味？」，或許這就是老師傅們工作的最佳註解。

雖然都是布行，但各家強項還是不一樣，「生活家」主攻窗簾、家飾品用布料；「正隆」有各種特殊布料，好比純棉網紗、禮服用布料、金蔥布料；「清秀佳人」則是販售進口布和裁縫紙型。而「新建功」、「江順成」是布莊裡老牌的材料行，縫紉線、鈕扣、各款式背包提把等，都可以在這裡買到，其中江順成也有許多復古樣式的老鈕扣。

近年台灣興起手作市集，慢活和復古的風潮又讓布莊活絡了起來，假日時年輕客人來布莊來買布、買材料，稚嫩的面孔穿梭在百年市場內，與白髮蒼蒼的裁縫師透過工作室的玻璃短暫地互相注視，有如老港片的畫面，是高反差色調的。

修建前，再看一眼

二〇一八年，政府決議要修建西市場的古蹟建築，那紙公文鬧得沸沸洋洋，大家都怕再興起來的市場會因為工程受到影響，但工程還是悄悄地開始了。首當其衝的是過往的生鮮市場，翻修時，最後幾個生鮮攤也隨之消失。即使位在國華街、正興街鬧區的店舖，也有不少人因為厭倦這樣的不確定感，選擇搬遷或退休。

我記得在翻修前曾經路過舊時的生鮮市場，市場內打著青藍色光線的白熾燈，空間中瀰漫著葉菜類在潮溼處放置太久的氣味。不知道哪攤的老闆正在播著〈Can't Take My Eyes Off You〉，歌聲飄盪在空曠的建築物，或許是溫暖又甜蜜的告別。這座小城也是有風光的過往，人人衣食豐足，且還保有一些老派的生活趣味，或多或少，身為台南人總是會緬懷那樣的時光。

西門市場

營業時間：週一至週日08:00-20:00（部分商家僅週末營業）

地址：台南市中西區西門路二段177號

攤位類型：飲料、小吃、工藝品、五金、刀具、服飾

誠舖，溫度的手作

蒐集台灣各地好味道

在公司裡總是會有一位同事特別熱心，會帶著新進同事認識環境、張羅慶生派對、揪辦公室團購等。對我來說，愣子就是那樣的人。

一人創業的開始

愣子出身台南眷村，爸爸是江西人。她身材很高，黑亮短髮，有兩道向上挑的黑眉毛。向她說心裡話時，她的眉毛會糾結在一起，非常認真地聽。我們是二〇一五年認識愣子的，那時她已經卸下奧美公司的職務一陣子，綽號從前同事們口中的姚姚，成為市場街坊大家親暱叫著的愣子。

愣子之於「誠舖，溫度的手作」，大概就像女王頭之於野柳，肯德基爺爺之於肯德基，熊本熊之於熊本城。她自認個性太直，不適合在一般職場走跳，因此想創業，選戰生機飲食並從網路商店著手。二〇一四年才在西市場

俠女愣子。

開了誠舖實體店面。

上山衝海選物去

創業之後，愣子的「直」更無拘無束地伸展開來，她開著車衝鄉村，跟著朋友上山、衝海邊，找尋可以合作的小農和工坊；為了確保原料新鮮，愣子甚至幫農家忙採收。小到濾掛咖啡上使用的黏膠，大到商品製程，愣子不輕易放過每個產品製作環節，因為她的坦率和仔細，總讓人對她產生莫名的信任感。

「其實我還是常被客人問倒，好比說有機，有機的標準是什麼？油罐蓋子材質用哪種才安全？」她說：「其實創業才知道很多東西根本沒有規範，連廠商都不見得知道，要自己做功課。」

愣子創業前對電商、美編、烹飪都不懂，創業後她開始摸索，走入田野了解食材，想著食譜和各種讓食材物盡其用的點子。商品裝入鋁箔袋或玻璃瓶後，她會貼上產品標籤，那是她用小畫家和滑鼠題的字，也是誠舖最初的模樣。

店內最初的商品是黑糖、花生醬、椒麻醬、芝麻醬、花生油、玉荷包蜜、冰糖檸檬，但貨架上也常出現驚喜。愣子是行動派，創店不久便購買了

店內的熱門商品，椒麻蛋糕。

一台研磨機外，近年來，自稱不善烹飪的她居然也開始踏入磅蛋糕和營養餅乾的領域，這條路又是另一個壯烈的故事了。

品嘗來自台灣各地的好味道

到西市場附近時，我們總會問彼此要不要去誠舖坐一下，店裡溫暖的燈光和放鬆的音樂隔絕了世界的吵雜，夏天時我喜歡點愣子自創的動茲動茲咖啡和冰糖檸檬氣泡飲，冬天時喜歡點紅茶和黑咖啡。吧台後方的黑板上畫著一張台灣地圖，上面標示著與愣子合作的職人。這不只是她一人的品牌，誠舖背後還有台灣各地的原物料供應商和工坊。

每次在誠舖品嘗這些來自台灣各地的味道，我心裡總是會覺得生活在台灣真的太好了。老爺爺如何憑藉手感，知道黑糖是否炒到恰到好處；新鮮的花生採下時，必沾染泥土的香氣；前往那座沒開發的山頭，眺望著陰雨下的茶園……尋找合作夥伴的過程是俠女愣子的一千零一夜，是她自己的水滸。這樣的魅力吸引著許多人一再來訪誠舖，其中也不乏海外遊客，希望他們也透過誠舖更明白台灣的美好。

紅玉紅茶。

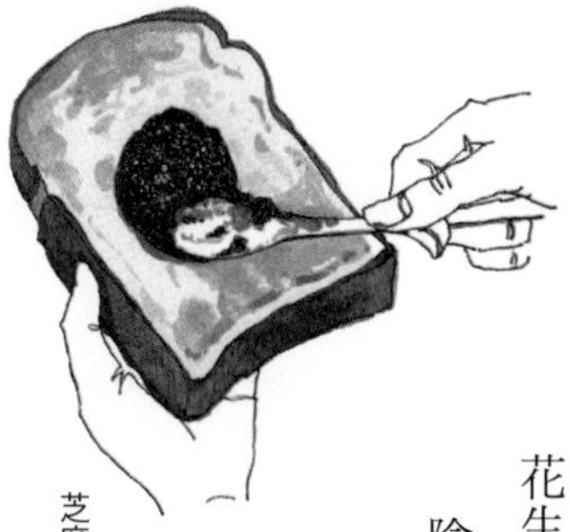

芝麻抹醬。

網上再相見

開發新產品的愣子，眼神總是閃耀著興奮的光芒，撐過了人力和資金吃緊的摸索時期，二〇一八年誠舖還成功接下高級禮盒的訂單，在香港打開知名度。

一切看似邁向正軌之時，卻發生了新冠肺炎；而政府有意拆除、重整西市場的消息也捲土重來。在人力考量之下，誠舖在西市場的實體店舖於二〇二一年三月吹了熄燈號，轉型做網路電商。

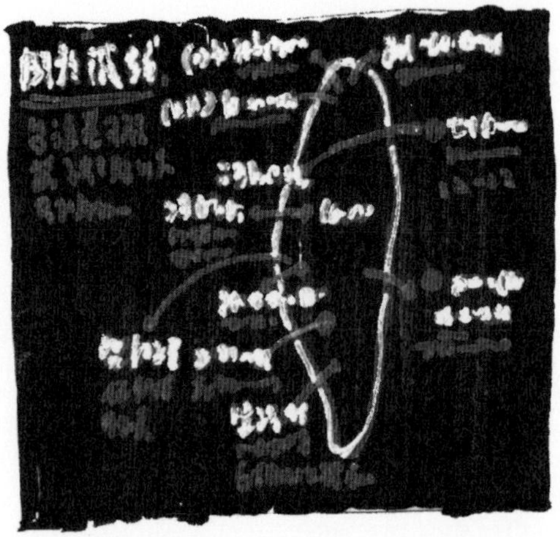

畫在黑板牆上的原料和生產者地圖。

西市場拆與不拆懸而未決，不少攤商們只能先各自打算。對愣子而言，現階段人力和資金做網路電商是最適宜的，外在環境變遷不過是催促她做決定的推手。三月的某個週末，小店舖中舉辦了大拍賣，許多老客人紛紛來帶走一、兩件小東西，我也收了兩只透明馬克杯，算是收藏自己與這間西市場小店的回憶。

適合拌麵的椒麻醬。

誠舖，溫度的手作

營業方式：轉型為網路商城「誠舖」（https://www.jinpo.com.tw/）

金連發五金行

時光老件，新潮看法

不同於一般販賣五金百貨的地方，「金連發五金行」是一間色彩繽紛的小店，對喜歡挖寶的人而言，與其說這裡是五金行，更像是一間家飾用品店。在金連發，我第一次發現原來選色障礙這種症頭也可能在五金行發作。

耐心尋寶的好去處

在金連發店內，光是拔眉毛刀就有台製、日製、西德製三種，其中日製那把是漂亮的鮭魚粉色；同款的螺絲起子就有黃色、紅色、綠色三種把柄，裁縫用的小布剪也有多顏色可以選擇；耐用的青銅色鎖頭雖然顏色樸素，但上面印著不同圖案；至於那些有著素雅包裝的高級菜刀，應該是專業廚師一生懸命的伴侶。

金連發也有販售台灣鐵鍋、砧板、餐具等，因為不少是營業用大型規

格，層層疊疊地堆放在店門前。小小的店面擺了琳瑯滿目的貨品，而歐媽媽嬌小的身影就隱沒在這之中。

作為小工廠的後援

歐媽媽，今年八十一歲，喜歡和朋友聚餐、跳土風舞。她是這間店的大腦，店內存貨沒有目錄，擺放的位置和價格全部都靠她記在心中。

金連發五金行已經有七十多年的歷史，原本由歐媽媽的公公和小姑們經營，小姑們結婚後，店面就由歐媽媽接手。一九七〇、八〇年代，台灣加工廠、小工廠林立，工業發展帶動經濟起飛，當時金連發五金行販售的大多為台製五金，當中也有特定工廠使用的特規五金，小工廠間的供應鏈合作密切而且不停茁壯。

堆滿貨品的傳統五金行和淡定的歐媽媽。

造型復古的捲尺。

菜刀。

傳統剪子。

大約是電子業興起，短短十幾年間，小工廠的盛況不再，有的倒閉了，有的選擇外移到人事成本較低的國家。小工廠的生產型態鬆動，台製的五金產品也愈來愈少，金連發五金行開始進口日本刀具，店內台製五金比例降低了，客群也由小工廠業主轉為一般家庭。

復古老件新風潮

金連發五金行也曾因為西市場的蕭條而沉寂了一陣子，但隨著台南「老屋欣力」（民間發起維護老建築的運動）的風潮興起，金連發裡留下的許多復古五金吸引了不少年輕客人。雖然都是買五金和家用品，但目的已經大大不同了，一些人是買老件是為了收藏，也有不少餐廳、民宿老闆為了布置店面來金連發採購。

「那些東西現在也沒人在用了，搞不好連怎麼用都很少人知道，但是年輕人喜歡。這兩個木櫃，已經七十年了，當初也是有人要買，可是我還要用耶。」歐媽媽說。她看起來確實有點苦惱的樣子。

「七十年了，那不是開店的時候就有？」我問。

「對呀，你現在坐的木凳也是啊。」進到金連發真的要小心，隨處都是頗有年歲的珍品。深色的木頭矮凳沒有多裝飾，表面已經被磨得黑黑亮亮，

椅腳是結實的卡榫工法。這張七十歲的椅子安安穩穩地承受了我的體重，若保養得宜，應該可以再用七十年。愈看愈喜歡這張簡單的矮凳，但應該也是非賣品。

掛滿刀具、砧板的牆面。

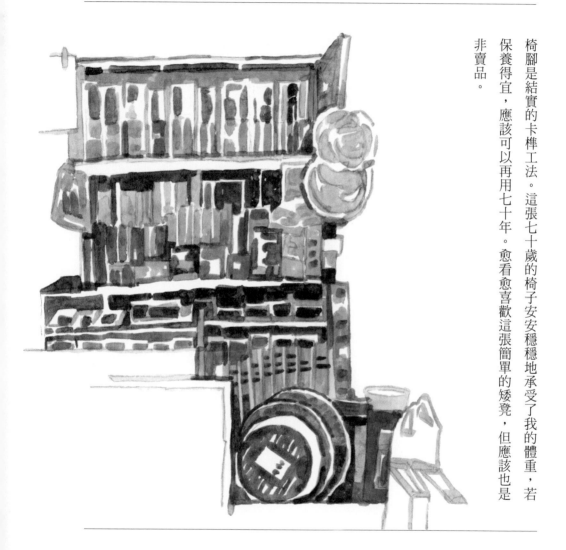

新與舊，比鄰的距離

西市場中，新舊攤相互為鄰，老店吸引了固定客群，無疑讓新店家有更穩固的立足點；新店家也逐漸將老店加拉入各種行銷活動之中。歐媽媽認為市場要活絡，新血加入是必須的，西市場雖然是一個營業場所，但對攤商來說，這裡就是安身立命之地。攤商間自然的凝聚，彼此的關係更像是社區裡的鄰居。

早在我開始進行《大菜市人物誌》前，西市場豐富的歷史就已引起起許多人注意，歐媽媽特別有印象的是她口中的小歐（歐昶廷）導演，小歐導演曾在二〇一五年以西市場為主題拍攝紀錄片，從人物故事出發，為市場留下豐富的影像紀錄。歐媽媽說參與拍攝、留下時代的軌跡都是好的，過程中似乎也玩得很開心。

台灣五金業歷史、西市場舊時風光也隨著店內的貨品和價格一併記載於歐媽媽的腦中，她或許覺得年輕人喜歡復古事物的心態很有趣吧。復古浪潮背後是尋根、擷取、複製、修飾，因此需要朦朧美的距離，這種朦朧美很容易被詬病為不切實際，但我想這就是「透過歷史去尋找自己是誰」的過程，對於同我年紀的一代來說，這樣的需求是更加迫切了。

金連發五金行

營業時間：週一至週日09:00-17:30

地址：台南市中西區國華街三段16巷24號

京都奈口金包

結合台日文化的浪漫

在西市場中那把巨大的紅色立傘是「京都奈口金包」的招牌，店名的「奈」字取自於日本神奈川，是老闆夫婦在日本工作時居住的地方，「京都」則是因為京都盛產和服和口金包。當我想要對他人表達心意，或標示自己小小的成就時，就會想到這間瀰漫著日式風情的小店。

正文老闆夫妻曾在日本定居，培養出收藏和服老件的嗜好。三一一地震後，日本經濟狀況不理想，而老闆娘也懷孕了，因希望孩子能回到家鄉台南成長，兩人才返台定居。返台後因為大批和服和配件占掉太多空間，他們便利用閒暇將這些素材做成口金包分送給親友，結果大受好評。

口金包的情懷與浪漫

開合包包時，口金碰撞的金屬聲似乎比拉鍊的聲音更具浪漫風情，甚至

店內的木製展示櫃和口金包。

帶著一點慎重感，在皮夾不盛行的年代，口金包就是最常見的錢包款式。上等口金包是用串珠製成，次等是皮革，最常見的是布製口金包。因著收納印章、牙籤、名片不同用途，口金包有長有扁，有大有小，形狀相當多元，近期也有大型肩背款的口金包。

老闆娘通常會在來店前就先將布料裁好、縫畢，到店面時只需要處理口金和布料的接合。她在口金和布料中間上膠（上膠時需要一口氣完成才會均勻），接著用錐子將紙繩推入口金與布料中間，讓接合更緊密。因為多了這道工法，所以京都奈的口金包從外觀看不出縫線，口金接合這道手續挺需要手勁，工作時老闆娘都會帶著皮手套。

花色間蘊含的心意

店內口金包的材料大概有三種：丸帶、袋帶和日本進口布料，前兩者是和服腰帶款式的稱呼。丸帶寬度較寬，雙面皆繡有圖樣，通常樣式較華麗，用於搭配正式場合的服裝。袋帶是由丸帶改良而來的款式，寬度較窄，僅有正面繡有圖案，是最常見的腰帶款式。在日本萬物有靈的信

製作口金包的工具。

仰中，腰帶這樣貼身的物品，常被認為附著了穿戴者的精氣神。情誼深厚的友人可以互贈腰帶；伴侶過世時，未亡人也會使用腰帶陪葬，用這樣的素材製成口金包，餽贈他人時也多了一分情義。

若選擇花布，圖樣就成了挑選的重點，日式布料常見的圖案各有不同意思，犬張子（如狗型貌的神獸）代表守護孩子成長；櫻花則是祈求願望成真；山茶花代表認真的女性；而台灣民間覺得不大吉利的扇子，在日本文化中卻有搧來幸福的意涵。挑出真正趣味又符合收禮人狀態的禮物，確實挺風雅的。

除了經典花色外，前幾年京都奈還推出的西瓜圖樣、富士山圖樣、楊楊米異材拼接、麋鹿刺繡圖樣的口金包。每季店內主打的顏色、圖案不同，就好像是自己的迷你時裝秀一樣，由此不難看出京都奈口金包對客群的喜好有很高的掌握度，正文老闆把這樣的靈敏度歸功於擺市集的經驗。

從市集擺攤到口碑上架

老闆夫妻曾在傳統跳蚤市場擺攤，也是近年文創手作市集的常客，打磨品牌一陣子後，便受到誠品青睞，獲得上架的機會。打開連鎖通路之後，他們才擁有了西市場的第一間店面。對於每次跑市集就要把全套傢伙打包的老闆來說，擁有自己的店面穩定又輕鬆多了，目前在藍曬圖也設有分店。

還記得初次見到正文老闆的下午，他與兒子剛踢完足球回到店內，那是一個有點溼熱的夏日午後，我不禁想著果然要好好過生活，才能有足夠的精氣神創作。慢與執著，京都奈的品牌與台南這座城市有些相似之處，老闆夫妻試著在設計中結合台灣、日本兩種文化。他們稱之為「和」，這是京都奈品牌的靈魂。西市場這樣新舊交疊的場域、世代對話的機緣，或許也是一種「和」吧。

工作中的老闆娘。

京都奈口金包

營業時間：週三至週一11:30-18:30

地址：台南市中西區國華街三段16巷8號

服五甲

衣著訴說的溫柔絮語

年末拜訪位在西市場布裝的「服五甲」，惠娟老闆聽見我的腳步聲著實嚇一跳，趕緊從工作桌上那堆如同山高的布堆中探出頭來。

「啊，是你呀，我還以為是來要急件的。」她不好意思地說：「抱歉，抱歉，快過年了，生意真的比較忙。」惠娟戴著粗框眼鏡，盤起烏黑茂密的頭髮，聲音聽起來相當有活力。雖然從事服裝設計，但她自己更喜歡輕鬆舒服的便服。

隱身市場的訂製工坊

惠娟是在千禧年進駐布莊，相較市場內其他工作室，這不算太久，她所經營的服五甲，從外看是一間普通的小型工作室，入內後才發現工作室空間已被利用到極致——乳白色的塑膠置物盒沿著牆面往天花板上疊，盒子外用

「服五甲」的店面，鐵捲門外也掛滿商品。

標籤標示各種配件的名稱；裝有滾輪的衣架上也垂掛著各種圖樣的白色蕾絲，雖然掛得很密，但每條蕾絲樣品都用塑膠套保護著。

當天店內牆面上掛著幾件待驗收的淺藍色開襟禮服、一套衣領上有個可愛紅蝴蝶結的白色水手服、一件藕色的長襬洋裝、樸素的黑色長袖襯衫，但最搶眼的，莫過是掛在工作台後方的那幾套大紅旗袍了，紅色排扣鑲著金邊，面料上也鉤著金絲，如此喜氣又雍容華貴。

「大約五年前吧，開始有用旗袍作為婚宴禮服的風潮，」惠娟老闆告訴我：「我覺得應該是藝人有穿吧，就帶動了這個需求。」因為手工細、價格實惠，所以惠娟的訂製旗袍在準新娘間小有名氣。

童年裁縫樂

還未上小學前，惠娟就已經知道自己喜歡做衣服了。惠娟的媽媽曾在家人鼓勵下向一位日本老師學習縫紉技術，學成後不久便結婚成為家庭主婦，裁縫的手藝大多展現在小孩的衣服上。媽媽做衣服剩下的碎布成為惠娟小時候的玩具，她撿起這些不同樣式的碎布，縫成給娃娃穿的衣服，那時她參考的大多是像卡通《小甜甜》、《小天使》（現稱為《阿爾卑斯山的少女》）裡角色所穿的歐風洋裝。

創作的快樂成為惠娟對縫紉最初的印象，即使進入服裝設計業超過三十年，聊起服裝設計仍可以感受到她對訂製服義無反顧、直白的熱愛。

惠娟國中時，因為厭倦考試，畢業後選擇就讀著名的台南女子技術學院服裝科（現為台南應用科技大學，當時為五專），入學後，從基本的服裝材料開始，接著學習各種類型的服裝打版和縫紉技術。店名「服五甲」正是來自當時就讀的班級編號。

畢業後她曾擔任禮服、時裝設計師，設計過不少外銷的服裝。在那時若要知道新進什麼布料，或是想找縫紉配件，西市場布莊是首選。累積了幾年服裝設計的經驗後，她便選在西市場開店，除了採買材料方便，也沾些西市場布莊的名氣。

在布料與設計稿堆中工作的惠娟。

做一件訂製服

訂做衣服的程序，從和客人討論喜好開始。惠娟會依照客人的年紀、氣質推薦適合的設計，並現場畫出設計草圖讓客人確認，接著就是丈量客人的身形。

訂製服的身形丈量很精細，除了一般三圍，還要量肩寬、中腰圍、腰寬、背長，惠娟會將這些資訊填寫到自己客製的訂單本。店內有許多樣布和配件樣品可以讓客人選擇，但客人也可以到附近布店選自己喜歡的布。選定布料後，惠娟會將布樣的一小角貼在訂單本上，方便日後查閱。客人確認版型圖、布料後，她才會進行打版。

「不同布料處理上有各別的眉角，我以前做過禮服設計師，所以做旗袍的時候也會把一些晚禮服的元素加進去，但重點還是得看穿的人的氣質，還有怎樣利用剪裁，凸顯身材上的優點。」惠娟經手過許多不同功能的訂製服，經驗老道，所以客戶間也都尊稱她為蘇老師。

現在的客人以訂製新娘妝旗袍、團體制服、西式禮服的為大宗，也有戲服、舞蹈表演服、體操服這類設計感強烈的舞台服裝；另一方面，訂製日常便服的客人愈來愈少了，會訂製便服的大多是五、六十歲、有一定經濟實力的女性，她們還保有舊時對穿著體面的品味，願意多花一些錢買好料子，訂做一套合身的衣服。

一針一線循往事

台灣紡織業興盛的一九六〇年代，學習縫紉成為許多女性進成衣廠工作的門票，在女性受教育普及的今日，或許很難想像縫紉曾經是少數讓女性有機會經濟獨立，甚至扭轉命運的技能。我也聽過爸爸提起，在他成長的一九六〇年代，鄉下有許多女孩到府城學縫紉，當時最著名的便是「東洋縫紉補習班」、「文化縫紉補習班」。

人類穿衣服不只是為了遮蔽裸體，而是為了顯現更多訊息。我成長在成衣氾濫的年代，在少女間只能穿L號褲子像是一種隱疾，遊盪在尺寸間的是自我懷疑和羞愧感。我們瞻仰大量生產機制下的各種規則（今年流行什麼尺寸？珊瑚紅還在不在潮流尖端？），怎麼有餘力去思考服裝的訊息？或許在訂製服的領域中，我們似乎才用身體稍稍找回了訂規則的權利。

皮尺輕輕勒著腰間，或自頸椎背後滑落，那一連串手抄下來的數字讓設計師可以在一塊布上勾勒出一件屬於自己的衣服；縫裁機叮叮的聲音是期待的節奏，這過程既溫柔又親密。在這樣私密的空間中，對尺碼、風格的失語焦躁，也得到了一些抒解。

服五甲

營業時間：週一至週六12:00-19:30

地址：台南市中西區西門路二段（西門商場3號）

SNARY 簡約布工廠

風浪中的創業者

「SNARY簡約布工廠」位在西門路上，面向布莊那側也有進出通道。房子原先荒廢一陣子，但格局相當方正，有漂亮的磨石子地板，稍加整理後，一樓成為布料、配件販售區，二樓保留住家的模樣，還另外隔出了一間裁縫工作室。工作室中擺上大型的工作桌，圍著牆面的是五、六台工業用裁縫車，牆面則是縫紉線收納架，放眼望去一圈圈五顏六色，像小動物在樹上的睡窩。

擺攤擺在浪頭上

簡約布工廠店面的前身，是北門路上長寬不及兩公尺的小攤子。攤位的起因來自惠珍手工縫製的一個雪納瑞犬剪影抱枕，當年這個抱枕擊中了惠珍

穿著時髦的老闆和店內獨家販售的布料。

同事們的少女心，大家都認為這個等級的手藝，若不開店簡直是浪費。

當同事們你一言，我一句地鼓吹，個性果斷的惠珍便踏上創業之路。她用五千元創業基金買了一些布料，加上同事贊助的展示台，「SNARY」這個品牌便在北門路初亮相，那是千禧年，惠珍還未滿三十歲。

不多久後，惠珍開始跑夜市，大東、武勝、花園、小北都有SNARY的蹤跡。跑夜市的時期，她已經有資金可以請木工，能夠買材料布置攤位。那時的夜市攤位還沒那麼講究，SNARY就像一個小型精品店，顯得很突出。

「我剛好在浪頭上。大家已經習慣量產的東西，所以那時大家會覺得手作的東西很特別，我回頭看，那幾年是滿成功的。」惠珍說。

另一種可愛

我也是當年被SNARY「圈」到的粉絲之一，貢獻了不少零用錢買了化妝包、面紙袋、口罩、手機袋。SNARY讓手作商品走進一般消費者的生活，即使是學生也可以擁有限量的設計品，更重要的是找到物品與使用者之間的契合點。

在我成長的過程中，大眾的審美觀是很單一的，大部分女性隨身用品設計以「可愛」為主；這裡說的可愛，是使人拔尖嗓子說出「卡哇伊——」的那種，很不幸是我無法駕馭的類型。我常常拿著微薄的零用錢遊走在不同的小店中，試著找到自己真正喜歡的東西。少女時期的逛街購物有點像廉價的商務旅行，充滿痛苦、焦躁、無奈；SNARY的出現，對我來說是這趟旅行中意外的驚喜。

SNARY的產品無疑也是可愛的，但在可愛中有著穩重和適度的空白，以材質、配色、滾邊和配件呈現出設計的細節，反覆看著，會讓人愈來愈喜歡這個物品。每款設計品的數量都不多，料子耐用，尺寸大小適合日常，當然也是產品吸引人之處。多年前買的化妝包，我甚至到現在還是使用著。

品牌轉型

前些年，在北門路上找不到SNARY的攤位時，原以為已歇業，沒想到卻在西市場布莊重逢，才知道惠珍創業後兩、三年，市場上也開始了一些類似風格的產品，因她的先生從事布料貿易，時常與廠商合作開發特殊布料，她休養生息一陣子後，決定轉型經營布料買賣，命名為「簡約布工廠」。

「我覺得仿冒也是一種肯定。」惠珍說。若不是她認

各色的線捲。

真的表情，我大概會覺得這是一句酸溜溜的反話。

惠珍動了想開布料行的念頭後，首選地點就是聚集大量布行、材料行的西市場。現在的她回想這個決定，認為自己剛好搭上另一波風潮。

「很多六、七十歲的退休婦女和一些媽媽，年輕時曾踩縫紉車，現在有閒了，就想自己做包包、做衣服，所以會想找布料。」惠珍分析道，又繼續說下去：「大家會來找布，做成小東西賣。長輩聽到我要在這裡開布店都說我瘋了，他們說現在還有誰在用裁縫車啊，但我覺得自己剛好又踩在另一波浪頭上。」

體驗手作的魅力

現在簡約布工廠所販售的主力商品是進口布料或與特殊布，店內也賣縫紉用五金配件。雖然轉型做布行，SNARY設計中可愛、溫潤的基調還是在的。一樓店面恰到好處的光線和素色的牆面襯托出五顏六色的花布，走道間也隨處可見布製圍裙、便當袋、後背包、保冷袋等示範作品，這些成品的紙型、材料包大多可以在店裡買到，購買紙型和材料包後，還可以參考簡約布工廠的YouTube影片跟著做，讓人躍躍欲試。

製作包包的布料要硬挺、耐磨，有時還需要拼接複合材質，所以得運用裁縫機製作才行，尤其以工業用裁縫機為佳。對於喜愛手作、想挑戰更複雜品項的顧客，如果完全沒有縫紉基礎，簡約布工廠也設立十二堂課一期的基礎裁縫班，課程包含嚴謹的工業裁縫機教學和基礎縫紉技法，上課的地點就在店面的二樓。而一般遊客想要體驗在繁華一時的布莊學裁縫，也可以聯繫店家安排單堂課程。

「現在店裡經營比較平穩了，我也在想，要逐漸把店內經營交給夥伴們。」惠珍說。她口中的夥伴是這裡縫紉班的學員，這些學員大多是女性，學成後繼續留在店內工作。她補充道：「這些媽媽們很有想法和熱情，大家投入在店裡經營時也很開心，我想或許也可以逐漸放手經營面，我可以多花時間做設計和自己喜歡的事。」大概是一種半退休的節奏。

惠珍是屏東人，但高中來台南求學之後便在台南落地生根，不僅在這裡成家立業，創業已有二十年資歷，也找到了與自己志同道合的夥伴。追夢者永遠踩著浪頭追尋浪花，生活在同一座城市裡的我，很幸運地參與了精彩的片刻。

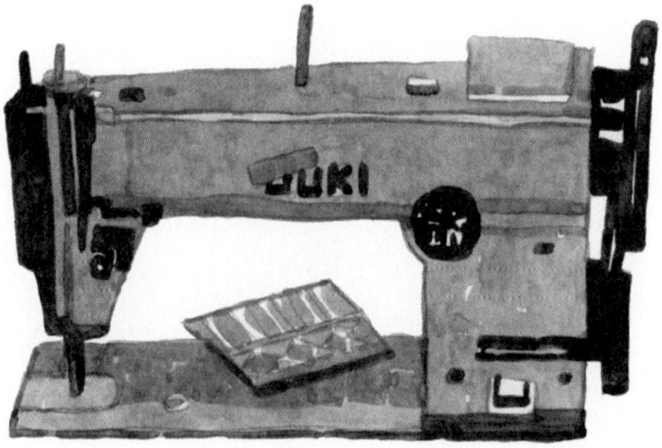

工業用的裁縫機外觀樸實，運作時會發出很大的聲響。

SNARY 簡約布工廠

營業時間：週一至週日09:00-21:00

地址：台南市中西區西門路二段173號

市場散策

週末的色之古市集

西市場和布莊外圍是「色之古市集」，這是假日才有的市集，以手作商品、古著、藝品為主，說是全台灣文創市集的先驅之一也不為過。那時台灣中部、南部幾乎沒有固定的市集活動，每次色之古的活動都吸引不少人潮，也有很多外地人特別來台南擺攤，吃小吃，逛街採買，彷彿複製了海安路的風光歲月。

說起「市集」一詞，總有種包羅萬象的多元和一期一會的單純。在市集上，一件物品即使與你情投意合，不管回去就淡忘了或是揪心地想著，若當下沒帶走，可能就是一輩子錯過，這樣的的消費讓我覺得很純情。

訪問色之古市集的創辦人，黛比和Sun這對兄妹檔，黛比提到市集的難處。雖然市集一開始以手作、二手商品作為號召，但經營至今很難避開批貨、商業抄襲的行為，在快速消費的風氣下，群眾對真正手作產品和與其外表類似的量產品感受差異不大，電商價格戰確實也影響了市集的買氣。

「年輕消費者喜歡快速，可以每天換新東西，拍照打卡。就算是很漂亮的手作商品，很多消費者是看到了，就立刻上網找便宜的類似款式。」黛比說。

但不管怎樣，逛市集仍有無可取代的趣味，除了許多特色商品，各形各色的市集愛好者也是風景之一。市集攤位多不是固定的，但有幾間我特別喜歡的攤位，他們也是色之古市集的常客，拜訪時可以留意。

由西市場眺望色之古市集。

旺喵本舖

其實市集內賣寵物食品的攤位並不少，「旺喵本舖」的口味不算最多，而且也不太做設計和行銷，名片、包裝、攤位布置顯得極簡，但商品用料和價格都相當實惠。

老闆們很愛狗，特別強調自己的食材和處理方式都是比照人類食品的規格，所以人類也可以吃。我曾買了一包蕃薯乾回家當早餐，除了有點硬以外，倒是沒什麼問題。

會光顧旺喵本舖，另一大原因是因為家中養貓，旺喵本舖有販售虱目魚乾、魚骨乾這些海味零食。每隻貓都不太一樣，我的貓在吃東西方面大概是一位老大叔，如果你家的貓咪也偏好樸實無華的飲食風格，或許可以試試看旺喵本舖的商品。

駱志成電影看板

「駱志成電影看板」攤位擺滿一整面顏色鮮豔的油畫，一下子虜獲許多目光，畫中是電影主角、一些名人樂手或樂團商標。駱大哥老家曾經營戲院，對電影的感情很深，或許是因為

在色之古市集邊擺攤邊創作的年輕人。

很早接觸西方電影，他對於歐美的經典樂團也熟悉，這些元素反覆出現在他的作品中。

駱大哥一直喜歡畫畫，後來又參加顏振發老師開設的手繪電影看板研習班，那些他愛的電影、老樂團的元素也都入了他的畫中。目測他的年紀大約六十歲，但是他用色強烈、風格大膽，說是年輕人的作品也有說服力，他作畫的題材不拘泥於老片，也有院線片的電影主角和他欣賞的球星，鮮明的配色和適中的大小，很適合作為家中掛畫。

T&C織植紙

織植紙，較常聽到的別稱是皮革紙或水洗牛皮紙，是用植物纖維做成的材質。因為夠厚、耐洗、耐磨，一些設計師會做成錢包、手提袋，甚至後背包。

「T&C織植紙」的商品有卡夾、名片夾、環保杯套、錢包等，都是老闆親手製作的。配色設計沉穩低調，最近幾年又開發了新的設計款式，客人還可以請設計師將插畫圖樣縫製在產品上。

我在攤位上買過悠遊卡夾、證件套，價格相當實惠，雖然也很喜歡皮夾的觸感，但是如果可以達到一樣的功能，植物製成的皮革紙似乎是一個不錯的選擇。

尾聲

市場的記憶

我的媽媽在彰化師範大學完成學業後，隻身來到台南，於台南高商任教。那時她在水交社租房子，那裡是台南著名的空軍眷村聚落，社區內有一條繁華的小路，餐館、髮廊、點心店林立，而「水交社市場」就在街邊。

水交社市場雖然空間沒有其他的老菜市場那麼大，但菜、肉齊全，還可以找到當時台南少見的眷村菜，像是大餅、生麵條、大滷麵、酸辣麵、水餃、醬菜等。

媽媽對於水交社的記憶是輕快的，她喜歡吃山東大餅，所以特別留意水交社市場內這類店家。記得市場內還有一間豆漿攤也很受學校師生歡迎，上學時段，不少學生會排隊買杯豆漿當作早餐。

自從搬家之後，媽媽也就比較少去水交社市場了。二〇〇四年，政府正式發出眷村改建的公告，水交社居民陸續搬遷，社區內起了嶄新的高樓，另有一部分做文化園區使用。原本半開放式的市場空間僅剩一、兩間攤販持續營業，對任何人來說，這般樣貌很難再稱之為市場。

菜市場作為生活的場所，是社區歷史、民生需求逐漸匯集而成的有機體，在漫長的時光中生長，也可能逐漸消亡，或是遇上讓人措手不及的變化。看著空蕩蕩的土地，我總感到說不出的慌張。對沒有記憶的地方也可以感到鄉愁和失去嗎？我覺得是可能的。

原以為自己是害怕事物消失所以才記錄，但隨著時間沉澱，益發覺有形的事物終究會消失，但總會留下軌跡，又或者換個型態再次降生。走訪市場的這些日子，聽聞市場中的家族史，那是我不曾親眼見識過的台灣經濟起飛，我不曾參與過的美國夢。在對話中，我發現年輕店家轉型的類似之處，對他們來說菜市場是營地，而外面的世界才是自已的戰場。而我也有機會說出那時代洪流中，特別是女性的故事，因著這些故事，有明亮，有幽暗，有聚散離合。時代立體了起來，城市也立體了起來。

這些日常堆疊成的過去、現在、未來，便是一份不甚完整，但有情的指南吧。

特別感謝家人一路的支持，還有帶領我進一步認識菜市場的禮光，也謝謝所有在本書完成過程中給予我幫助的人們，當中又要特別銘謝曾家長輩提供我關於海鮮和魚市場的寶貴資訊。

菜市·台南

文——陳薔安
圖——林致維（1/2藝術蝦）

資深編輯——陳嬿守
封面設計——兒日設計
內頁設計——陳春惠
行銷企劃——鍾曼靈
出版一部總編輯暨總監——王明雪

發行人——王榮文
出版發行——遠流出版事業股份有限公司
104005 台北市中山北路一段11號13樓
電話／(02) 2571-0297　傳真／(02) 2571-0197　郵撥／0189456-1
著作權顧問——蕭雄淋律師

□2021年8月1日　初版一刷
定價——新台幣399元（缺頁或破損的書，請寄回更換）

ISBN 978-957-32-9140-4

遠流博識網 http://www.ylib.com　E-mail: ylib@ylib.com
遠流粉絲團 https://www.facebook.com/ylibfans

國家圖書館出版品預行編目(CIP)資料

菜市.台南/陳薔安著. -- 初版. – 臺北市：遠流出版事業股份有限公司, 2021.08
面；　公分
ISBN 978-957-32-9140-4(平裝)

1.人文地理　2.市場　3.臺南市

733.9/127.4　110007411